Pão Diário KIDS

ESCOLAR

Este livro pertence a:

_____

© 2021 Ministérios Pão Diário. Todos os direitos reservados.

Texto e Adaptação: Simone Mota
Revisão de Conteúdo: Denise Rogério
Edição e Revisão: Dalila de Assis, Dayse Fontoura, Lozane Winter, Thaís Soler
Direção de Arte: Audrey Novac Ribeiro
Projeto Gráfico e Diagramação: Lucila Lis

Proibida a reprodução total ou parcial, sem prévia autorização, por escrito, da editora.
Todos os direitos reservados e protegidos pela Lei 9.610, de 19/02/1998.

Exceto quando indicado no texto, os trechos bíblicos mencionados são da edição
Nova Tradução na Linguagem de Hoje © 2011 Sociedade Bíblica do Brasil.

Publicações Pão Diário
Caixa Postal 4190, 82501-970 Curitiba/ PR, Brasil
publicacoes@paodiario.org
www.publicacoespaodiario.com.br

Código: UH354
ISBN: 978-65-87506-07-4

1.ª edição: 2021 • 2.ª impressão: 2023

Impresso na China

Introdução

Na missão de contribuir para que a sabedoria transformadora da Bíblia seja compreensível às crianças, Publicações Pão Diário tem a satisfação de disponibilizar esta edição especial do *Pão Diário KIDS* com abordagem do tema *Escolar*.

As meditações foram selecionadas para tratar do assunto de forma leve, na linguagem da criança, mostrando a ela como lidar com certas situações típicas da comunidade escolar e apresentando soluções práticas no relacionamento com os colegas e na hora dos intervalos. Também mostra a seriedade que precisamos ter com os estudos e como Deus pode falar por meio de cada dilema escolar.

Esses dilemas são bem conhecidos pelas crianças de agora e também de outrora: provas, trabalhos, comportamento em sala de aula, esportes, respeito ao próximo, *bullying*, preconceito etc.

Este livro contém ainda atividades e espaço para anotações, sendo uma ferramenta excelente para quem trabalha com Capelania Escolar ou para os pais que desejam orientar a criança sobre o que é esperado dela nesse lugar que marca tanto a infância de todos nós: a escola!

Dos editores do *Pão Diário*

Conheça os personagens

Arthur

Ana

Papai

Mamãe

Vovó

Vovô

Tio Lúcio

Tia Jana

Lucas

Pedrinho

Sandro

Ênio

Engrenagem perfeita

Dia 01

> ...Tudo o que fazes é maravilhoso,
> e eu sei disso muito bem.
> —Salmo 139:14

Hoje, na aula de Ciências, a professora explicou sobre o corpo humano. Ela disse que é como uma "engrenagem perfeita".

Temos o aparelho respiratório, o aparelho reprodutor, o aparelho digestivo. E tudo funciona ao mesmo tempo!

Fiquei pensando: como Deus é genial, né? Minha mãe falou que Ele sabe quantos fios de cabelo existem na minha cabeça e conhece todos os meus pensamentos. Os meus e dos outros bilhões de pessoas que vivem na Terra. Todos os detalhes, de todo o mundo!

Nem o melhor computador do mundo seria capaz de guardar tantas informações. Deus não é incrível?

Acho que é por isso que eu amo tanto a Deus, porque, mesmo Ele sendo tão poderoso, ainda cuida de mim e às vezes atende até os meus pedidos mais bobos; como no dia em que eu queria muito um chocolate especial e o vovô, sem saber de nada, trouxe um *pra* mim.

ORAÇÃO

Senhor, obrigado por me criar de um jeito tão maravilhoso e se importar comigo.

ATIVIDADE

1) Deus já atendeu algum pedido seu? Qual?

2) Você tem o hábito de orar por todas as coisas, até as que acha meio "bobas"? Por quê?

Dia 02

Frio e sono

...nesta vida tudo o que a pessoa pode fazer é procurar ser feliz e viver o melhor que puder. (...) Isso é um presente de Deus. —Eclesiastes 3:12,13

Hoje estava tão frio, mas tão frio, que tentei convencer a mamãe a não me levar para a escola.

—Mãe, me deixa ficar em casa. Estou com muito frio!

—Realmente está frio, filho, mas você tem casacos. É só se agasalhar bem!

—E se eu ficar doente?

—Bem agasalhado, você não ficará doente.

—Mas, mãe, estou bem nas notas e com muito sono.

—Filho, no Brasil existem crianças que andam quilômetros a pé para chegar à escola. Em estradas de barro, com muito perigo. Não seja ingrato e não desperdice o seu tempo dormindo. A vida é curta! Tenha coragem! Vamos lá... levante-se e vá para a escola com alegria.

—Ai, mãe. Tá bom!

—E para você ficar bem animado, vou preparar um super chocolate quente.

Ah, aí eu fiquei mais animado mesmo. O chocolate quente da mamãe é o melhor do mundo!

ORAÇÃO

Querido Jesus, ajude-me a não ter preguiça de aproveitar as bênçãos da vida. Amém!

ATIVIDADE

1) De que maneira você pode aproveitar bem todos os seus dias?

2) Quais são as suas atividades favoritas?

Dia 03

Valorizando os outros

...sejam humildes e considerem os outros superiores a vocês mesmos.
—Filipenses 2:3

Desabafei com o papai.
—Pai, fiquei irritado na escola hoje.
—Por quê?
—Ah, é que a professora de Português dividiu a turma em grupos e escolheu um líder para cada um.
—E qual o problema?
—O senhor acredita que ela escolheu o Sandro para liderar o meu grupo?
—Acredito!
—Mas, pai, o Sandro não é tão bom aluno quanto eu!
—Mas ele merece ter a chance de liderar igual a você. Já pensou se Deus só escolhesse as pessoas mais fortes e mais inteligentes? O que seria das outras? Você já deveria saber que Deus não faz diferença entre as pessoas. Ele ama todas igualmente.
—Mas na escola não deveria ser diferente, pai?
—Ué, a gente sempre fala que a Bíblia nos orienta como devemos ser em todos os lugares, não é mesmo?
—É, verdade. Não tinha pensado nisso. Pior que o Sandro foi super bem!
—Você quer dizer *melhor*, né, Arthur?
—Ah, é...

ORAÇÃO

Deus, eu lhe agradeço por dar a todas as pessoas as mesmas chances.

ATIVIDADE

1) Deus trata todas as pessoas da mesma maneira?

2) Na sua opinião, isso é bom ou ruim? Por quê?

Dia 04

Demonstração de amor

> ...Quando o rapaz ainda estava longe de casa, o pai o avistou. E (...) correu, e o abraçou, e beijou.
> —Lucas 15:20

No caminho entre a escola e a minha casa, existe uma fábrica abandonada. Os meninos da rua vivem inventando histórias assustadoras sobre o lugar.

Papai me proibiu de entrar lá. Ele disse que homens maus podem estar escondidos naquele prédio.

Mas hoje o Sandro e os outros meninos me provocaram muito dizendo que não sou corajoso. Foi aí que decidi provar minha coragem!

Enquanto atravessávamos por dentro da fábrica, dois homens vieram em nossa direção e pegaram nossos celulares. Foi assustador!

Saímos correndo daquele lugar. Quando cheguei em casa e confessei o que aconteceu, papai me abraçou forte, agradecendo a Deus por eu estar bem, apesar do susto.

Eu sei que entristeci o papai com a minha atitude, mas hoje entendi que o amor dele por mim é ainda maior que a decepção que causei pela minha desobediência.

ORAÇÃO

Deus, obrigado por me amar tanto, mesmo eu desobedecendo ao Senhor muitas vezes!

ATIVIDADE

1) Seus pais demonstram o amor deles por você, mesmo quando lhes desobedece? Como?

2) O que a atitude de seus pais revela sobre o amor de Deus?

Proteção divina

Dia 05

> Guarda-me, ó Deus, pois em ti eu tenho segurança!
> —Salmo 16:1

Hoje, quando estava saindo da escola, um carro veio com tudo e bateu no poste em frente ao portão de entrada.

Meu coração disparou e comecei a tremer. É que o carro parou a dois passos de mim!

Quando olhei para a mamãe, que tinha ido nos buscar, ela estava paralisada. Apesar do alvoroço, nem o motorista do carro se machucou.

Já no caminho de casa, falei:

—Que sorte, né, mamãe? Não aconteceu nada pior com a gente!

Mamãe me abraçou e disse:

—Não foi sorte, foi a mão de Deus!

Então me lembrei de que, todos os dias, quando vamos para a escola, papai ou mamãe ora por nós pedindo a Deus que nos proteja.

—A senhora acha que foi por causa da oração que não nos aconteceu nada?

—Eu tenho certeza. Deus responde às nossas orações, e hoje Ele nos livrou porque pedimos a Sua proteção.

—Verdade! Muito obrigado, Deus!

ORAÇÃO

Querido Deus, obrigado porque o Senhor ouve a minha oração e me protege!

ATIVIDADE

1) Você já vivenciou alguma situação de perigo? Qual?

2) Você sente que Deus o protegeu? Por quê?

Dia 06

A paciência de Madalena

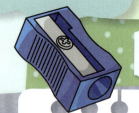

> ...Tenha paciência,
> pois o Senhor Deus cuidará disso.
> —Salmo 37:7

Hoje teve uma festinha na escola. Cada aluno levou um prato para ajudar. Eu levei um bolo Nega Maluca.

Ofereci um pedaço para a Madalena, uma aluna da minha escola que também ama a Jesus:

—Quer um pedaço?
—Não posso!
—Por quê?
—Tenho alergia a leite.
—Mas isso é bolo.
—Mas foi feito com leite.
—Ah, verdade. E por que você não ora e pede para Jesus te curar?
—Ah, eu oro, sim, mas Ele ainda não me curou.
—Faz tempo?
—Desde que eu nasci!
—Puxa, é tempo... você está brava com Jesus?
—Não, minha mãe me explicou que Jesus tem sempre bons motivos para as coisas que acontecem com a gente e Ele nunca se atrasa. Enquanto não sou curada, aprendo a ter paciência e experimento muitas receitas sem leite.

Aí ela me deu um pedaço de um bolo especial que a mãe dela fez. Não é que estava uma delícia?

ORAÇÃO

Querido Jesus,
ensine-me a ser paciente
e a lembrar que
o Senhor cuida de mim.

ATIVIDADE

1) Como você reage quando as coisas demoram para acontecer?

2) Quais as situações que mais testam a sua paciência?

Dia 07

Sabedoria x tecnologia

> Eu sou a sabedoria;
> sou mais preciosa do que as joias...
> —Provérbios 8:11

Hoje precisamos apresentar um trabalho de Ciências. Um dos meninos da sala tem um computador muito moderno e fez a apresentação com um projetor multimídia que ele trouxe de casa. Mas o Alex, outro menino da sala, não tem nada de tecnologia em casa e apresentou o trabalho com desenhos em cartolinas.

No final, a nota do Alex foi bem mais alta. O outro menino ficou bravo, mas o professor explicou que o conteúdo era o mais importante. E o trabalho do Alex foi mais completo.

Quando contei para o papai, ele se lembrou de uma passagem bíblica que diz que a sabedoria vale mais do que o dinheiro. É verdade. Um menino tinha a melhor tecnologia, mas o outro tinha mais sabedoria e conhecimento... No final, isso contou muito mais para a apresentação do trabalho.

ORAÇÃO

Jesus, ensine-me a desejar a sabedoria mais do que qualquer outra coisa de valor.

ATIVIDADE

1) Você prefere ter dinheiro ou ter sabedoria? Por quê?

2) Converse com seus pais e descubra com eles por que Deus valoriza tanto a sabedoria.

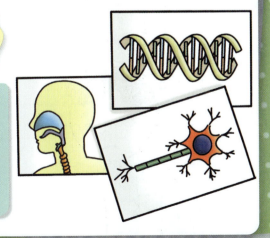

Dia 08

Melhorando aos poucos

> Uma pessoa correta traz bênçãos para a vida dos outros; quem aumenta o número de amigos é sábio.
> —Provérbios 11:30

—Mãe, acho que não posso mais ser amigo de Jesus!

—Ué, Arthur, por que você está falando isso?

—Mãe, eu tenho um problema. Não tenho paciência com os meus amigos de sala que nunca prestam atenção na aula e ficam "pedindo cola". Aí eu fico bravo e brigo com eles. Hoje mesmo, briguei com uns três, aí o menino lá da sala falou que nem parece que eu sou amigo de Jesus como digo que sou. E acho que ele tem razão!

—Filho, é errado ofender as pessoas e devemos pedir desculpas! Mas saiba que todos nós temos defeitos, e Jesus, à medida que está na nossa vida, nos transforma na melhor pessoa que podemos ser, enquanto usa a nossa vida para mostrar o Seu amor a outras pessoas.

—Quer dizer que eu continuo amigo de Jesus e Ele vai me ajudar a vencer minha irritação?

—Exatamente!

—Ufa! Vou me desculpar com eles, mãe!

ORAÇÃO

Querido Deus, obrigado por não desistir de mim e me ajudar a ser uma pessoa melhor.

ATIVIDADE

1) Tem algo na sua vida em que você precisa melhorar? O quê?

2) Como você acredita que pode fazer isso?

Dia 09

Livres da escravidão

> Pois, pela morte de Cristo na cruz, nós somos libertados, isto é, os nossos pecados são perdoados...
> —Efésios 1:7

Ana chegou da escola e pediu ajuda ao papai para um trabalho sobre a abolição da escravidão no Brasil.
   Ele prometeu ajudá-la.
—Ô, pai, o que é esse negócio de abolição da escravidão?, perguntei.
—Ah, filho, é que, no Brasil colonial, os senhores de engenho compravam negros que eram trazidos do continente africano para serem usados como escravos.
—Que maldade!
—Muita maldade. São histórias tristes de abuso e espancamento. Eles eram considerados nada, mas aí, em 1888, a princesa Isabel assinou um documento que cancelou, oficialmente, a escravidão no Brasil. Desde aquele dia, os negros ficaram livres, mas ainda lutam para serem respeitados.
—Essa princesa fez como Jesus, né? Ela assinou um documento e libertou os escravos; Jesus morreu na cruz e nos libertou do pecado, não é isso?
—Exatamente, filho. Excelente comparação.

ORAÇÃO

Querido Jesus, obrigado por pagar o preço pelos meus pecados e me dar a liberdade.

ATIVIDADE

1) Sem Jesus na nossa vida, somos como escravos! Pergunte aos seus pais por quê.

2) Como você acredita que pode ser livre da escravidão do pecado?

Dia 10

Leal como Jesus

> Não abandone a lealdade e a fidelidade; guarde-as sempre bem gravadas no coração.
> —Provérbios 3:3

O sinal do fim do recreio tocou, e eu ainda estava no banheiro. Quando saí, só eu e o Sandro ainda estávamos no pátio e corremos para chegar antes da professora na sala.

No meio da corrida, Sandro se atrapalhou e levou o maior tombo. Foi muito engraçado!

Eu o ajudei, mas não consegui segurar a risada. Ele também riu, mas me fez prometer que não contaria a ninguém o que aconteceu.

Eu prometi.

Quando chegamos na sala, os meninos viram que eu estava rindo e quiseram saber o motivo.

Tive muita vontade de contar para eles rirem também. Mas então pensei que, se estivesse no meu lugar, Jesus seria leal ao Seu amigo, e eu também quero ser.

Então, disse aos meninos que não era nada demais e mudamos o assunto. O Sandro respirou aliviado! Depois da aula, ele me agradeceu e eu fiquei contente por ter sido leal a ele.

ORAÇÃO

Jesus, desejo sempre seguir Seu exemplo e ser leal ao Senhor e às pessoas.

ATIVIDADE

1) Você é leal aos seus amigos?

2) Alguém já contou um segredo seu? Como você se sentiu?

Dia 11

Reconhecendo o erro

> O filho sábio aceita os ensinamentos do pai, mas o que zomba de tudo nunca reconhece que está errado.
> —Provérbios 13:1

Hoje a aula de Educação Física foi especial, pois jogamos contra o outro terceiro ano.

Quando nosso time se reuniu, todo mundo notou a careca do Alex. Parece que o cabeleireiro errou o corte, e o Alex precisou raspar a cabeça.

Foi aí que o Sandro soltou:

—Alex, você está parecendo uma laranja, com essa "cabeça-bola" e as bochechas vermelhas.

Os meninos caíram na risada. Então, logo lembrei do papai dizendo que a Bíblia nos ensina que não devemos zombar dos outros.

No caminho de volta para casa, passei pelo Alex, e ele estava chorando.

—Por que você está chorando?

—Estou triste, Arthur. Todos riram de mim!

Na hora entendi o que o papai sempre diz e percebi que, na verdade, zombar dos outros não tem graça nenhuma. Dei um abraço no Arthur e disse que ele é meu amigo careca ou com cabelo!

O papai diz que Deus nos ama e deseja que façamos o que é bom, por isso devemos reconhecer quando agimos mal.

ORAÇÃO

Deus, ajude-me a entender que tudo o que o Senhor me ensina é para o meu bem!

ATIVIDADE

1) Outras crianças já zombaram de você? Por quê?

2) Como você se sentiu?

Dia 12

Deus em tudo

> Os que te obedecem certamente te louvarão e os que são corretos viverão na tua presença.
> —Salmo 140:13

Ana chegou em casa pensativa.

—Mãe, a Mariana lá da escola disse que eu sou meio chata.

—Ué, filha, por quê?

—Ela falou que sempre coloco Deus em tudo. Se vamos comer, eu agradeço; se consigo ir bem na prova, eu me empolgo e agradeço a Ele. Se fico preocupada, oro pedindo ajuda. Quando vamos embora, sempre falo "Deus te abençoe!".

—E isso irritou sua amiga?!

—É. Ela disse que eu só falo "Deus! Deus! Deus!".

Mamãe sorriu:

—Ana, isso, na verdade, é um bom sinal, pois significa que você é tão amiga de Deus que as pessoas o veem onde você está.

—Mas, se isso é um bom sinal, por que ela ficou brava?

—Ela ainda está descobrindo, por meio do seu exemplo, como viver com Deus é maravilhoso. Tenha paciência! No tempo certo, e graças ao seu comportamento, ela também se apaixonará por Deus e conversará sobre Ele.

—Obrigada pela ajuda, mãe!

ORAÇÃO

Querido Deus,
Sua presença na minha vida faz toda a diferença!

ATIVIDADE

1) Você acha importante falar sempre de Deus? Por quê?

2) De que maneira você demonstra aos seus amigos que tem Deus em sua vida?

Dia 13

Oração pelos inimigos

...amem os seus inimigos [...] orem em favor daqueles que maltratam vocês.
—Lucas 6:27,28

No recreio, um garoto, de outra sala, chutou meu tornozelo enquanto jogávamos bola e doeu muito. Estou com raiva dele.
—Pai, no próximo jogo, vou acertar ele!
—Não vai, não.
—Ah, pai, não tenho sangue de barata!
—Arthur, deixe-me contar algo. Em 1960, lá no Estados Unidos, uma menina de 6 anos, Ruby Bridges, foi a primeira criança negra a frequentar uma escola pública de brancos. Só uma professora aceitou dar aulas para ela. Os pais proibiam os filhos de estarem na mesma sala com ela e policiais a escoltavam todos os dias para evitar agressão física.
—Pai, isso é racismo!
—Verdade, filho. Mas o psicólogo que a acompanhava contou que Ruby sempre orava: "Pai, perdoa-os, pois eles não sabem o que fazem". Ela conseguiu perdoar inspirada no amor de Jesus. Acho que seu problema é bem menor e você também conseguirá perdoar, não é mesmo?

ORAÇÃO

Deus, ajude-me a perdoar aqueles que me maltratam, assim como o Senhor me perdoa!

ATIVIDADE

1) Você já se vingou de alguém? O que essa pessoa fez a você?

2) Por que devemos evitar a vingança?

Dia 14

Não é o que parece

Para o malvado, fazer o mal é divertimento, mas a pessoa sensata encontra prazer na sabedoria.
—Provérbios 10:23

Hoje o professor de Educação Física contou que, na Copa do Mundo de 1990, o Brasil jogou contra a Argentina nas oitavas de final. Aí, teve um momento em que o massagista da seleção argentina entrou em campo para atender um jogador e distribuiu água para os jogadores. Um dos nossos jogadores, o Branco, também ganhou uma garrafa de água e depois disso, passou mal. E a Argentina ganhou o jogo. Depois de muitos anos, o Maradona contou que a água tinha um sonífero que fez o Branco passar mal.

Que maldade, né?

Aí o professor disse para não aceitarmos nada de estranhos sem o conhecimento dos nossos pais. Nem bala, nem chocolate, nada! Essas coisas parecem boas, mas podem ser perigosas.

O papai e a mamãe sempre falam para tomarmos cuidado. Vai que alguém quer fazer mal para a gente, né?

Melhor obedecer!

ORAÇÃO

Deus, por favor, proteja todas as crianças de pessoas que querem fazer mal a elas!

ATIVIDADE

1) Algum estranho já lhe ofereceu alguma coisa? O quê?

2) Você contou aos seus pais? O que eles disseram?

Ninguém gosta de mim

Dia 15

> Como Deus é poderoso!
> Ele não despreza ninguém. Deus sabe todas as coisas.
> —Jó 36:5

Hoje, no recreio, percebi que a Ana e a Bebel estavam evitando uma menina. Toda vez que a garota se aproximava, elas saiam rindo.
Que feio!
Fui falar com elas:
—Ei, por que vocês estão evitando aquela menina?
—Ai, Arthur, deixa a gente em paz.
—Vou contar para a mamãe.
—Não vai, não.
—Vou, sim.
—A gente só não quer ser amiga dela.
—Mas por quê?
Bem nessa hora a menina chegou e ouviu a conversa. Os olhos dela ficaram cheios de lágrimas.
—Não fique triste!
—Ah, Arthur, ninguém gosta de mim.
—Jesus gosta! Quando seu coração estiver muito triste e sem ninguém para conversar, fale com Jesus. Ele é amigo de verdade, sem *bullying* ou preconceitos.
A Ana e a Bebel abraçaram a menina e pediram desculpas. Agora elas vão explicar melhor para ela sobre o amor de Deus através de Jesus.

ORAÇÃO

Jesus, obrigado por ser o amigo que nunca me despreza nem me deixa sozinho.

ATIVIDADE

1) Você já sofreu algum tipo de preconceito? Qual?

2) O que você acha de ter Jesus como seu amigo?

Dia 16

Alimentos nada saudáveis

> O meu coração estava cheio de amargura, e eu fiquei revoltado.
> —Salmo 73:21

Hoje a professora de Matemática me deu a maior bronca.

Ela explicava sobre multiplicação, e eu me distraí. Aí ela fez uma pergunta, e eu errei a resposta.

O Sandro fez uma piada, e a turma riu da minha cara.

Fui para casa pensando nisso… que raiva!

Depois do almoço, não consegui fazer nada… nem brinquei com o vídeo game, pensando em como me vingar do Sandro.

Na hora do jantar, papai perguntou se estava tudo bem, e eu falei um monte.

Aí ele me disse que eu me alimentei de raiva e acabei estragando o meu dia. Se eu tivesse lido o meu devocional, orado a Deus e conversado com a mamãe, estaria mais calmo.

Papai disse que nosso coração se alimenta de sentimentos bons ou ruins. Se eu sinto coisas ruins, fico mal, mas se procuro seguir o exemplo de Jesus, eu me concentro nas coisas boas e passo o dia muito mais feliz!

ORAÇÃO

Jesus, quero ser alguém cheio de bons sentimentos em meu coração. Ajude-me!

ATIVIDADE

1) Você já ficou bravo com alguém? Por quê?

2) Qual foi sua atitude? Você perdoou ou se vingou?

Vencendo a guerra

Dia 17

> O sábio pensa antes de agir...
> —Provérbios 13:16 NTV

Na aula de Educação Física, o professor encheu um monte de bexigas com tintas coloridas para fazermos uma "guerra". Ele dividiu a turma em dois grupos e entregou cinco bexigas para cada aluno.

O jogo era acertar o outro time com as bexigas. A equipe que ficasse com mais jogadores limpos venceria.

Quando essa "guerra" começou, foi a maior gritaria. Os jogadores tentavam acertar uns aos outros com a tinta ao mesmo tempo em que tentavam não serem atingidos.

Quando a "munição" da minha equipe acabou, pensamos: *Vencemos!*, pois tínhamos dois meninos limpos. Mas aí o Marcelo, que estava no outro time, apareceu não sei de onde com suas bexigas e atingiu em cheio esses nossos jogadores. Assim, a equipe dele venceu a "guerra".

Marcelo foi sábio; pensou primeiro e esperou o momento certo para agir, assim ninguém mais pôde derrotá-lo.

ORAÇÃO

Deus, é muito fácil agir por impulso. Ajude-me a pensar antes de agir para ser sábio.

ATIVIDADE

1) Para ser sábio, é preciso primeiro conhecer Jesus. Como esse conhecimento pode ajudá-lo?

2) De que forma ser sábio o torna um vencedor?

Dia 18

Ajudante

Mas o auxiliador, o Espírito Santo [...], ensinará a vocês todas as coisas...
—João 14:26

—Papai, o que o senhor ora antes de ler a Bíblia?
—Eu peço ajuda ao Espírito Santo para entender o que leio.
—Ué, mas a sua Bíblia não é "em português"?
—É!
—O senhor não sabe ler português?
—Sei, filho, mas é mais do que isso. Sabe quando você precisa entender um problema de matemática?
—Sim.
—Você até consegue ler as palavras, mas não entende bem o que elas dizem, não é verdade?
—É, sim. A professora disse que o nome disso é interpretação de texto. Mas às vezes é complicado. Ainda bem que o senhor me ajuda a entender!
—Filho, a Bíblia tem orientações muito preciosas para a nossa vida, mas às vezes é difícil entendê-las. Então, assim como eu ajudo você com os problemas de matemática, o Espírito Santo me ajuda a entender os ensinamentos da Palavra de Deus.
—Ah, entendi! Ainda bem que temos ajudantes, né, pai?

ORAÇÃO

Espírito Santo, ajude-me a entender as coisas que estão escritas na Bíblia.

ATIVIDADE

1) Você gosta de ler a Bíblia? Por quê?

2) Qual é a sua história favorita? Por quê?

Raio-X

Dia 19

> ...Elas (as pessoas) olham para a aparência, mas eu (Deus) vejo o coração.
> —1 Samuel 16:7

Estava correndo no pátio quando dei um encontrão em outro menino, caí e torci o pé.

Mamãe me levou ao médico.

—Está bem inchado, vamos fazer um raio-x.

—O que é um raio-x?

—É uma fotografia de dentro do seu pé para vermos se quebrou algum osso.

—Mãe, isso é o que a professora da Escola Bíblica explicou sobre enxergar o coração.

—Como assim?

—Ela contou que, quando Samuel foi ungir um novo rei para Israel, ele só olhava para o físico e a força dos irmãos de Davi. Samuel jamais pensou que Davi poderia ser o novo rei. Então, Deus disse a Samuel que Ele não vê como as pessoas veem, porque elas só olham para a aparência, mas Deus vê dentro do coração.

—Essa é uma excelente ilustração. Somente Deus pode nos enxergar por dentro. Ele vê se Jesus habita em nosso coração ou se outras coisas ocupam o lugar que deveria ser dele.

ORAÇÃO

Querido Jesus, quero que o Senhor habite em meu coração para sempre.

ATIVIDADE

1) Qual a sua opinião sobre julgar as pessoas pela aparência?

2) Você sabe que Deus vê dentro do seu coração? O que Ele está vendo agora?

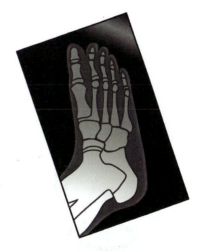

Dia 20

Em quem buscar ajuda

> O Senhor está comigo; é ele quem me ajuda...
> —Salmo 118:7

—Mãe, a senhora viu meu livro de história?

Ana precisava do livro, mas não achava. Depois de um bom tempo procurando, ela parou no meio da sala e cantou:

—São Longuinho, São Longuinho, se você me ajudar a achar o livro, dou três pulinhos!

—Anaaaa! Você acredita no São Longuinho?

Mamãe estava assustada.

—É uma brincadeira! Eu nem sei o que é São Longuinho, mas a Marcela disse que funciona.

—Filha, isso é um tipo de simpatia. Quando fazemos isso, entristecemos o Espírito Santo.

—Desculpe, mãe, eu não sabia.

—Precisamos acreditar em Jesus e em mais nada. Podemos pedir a Ele que nos ajude a encontrar o seu livro, que tal? "Espírito Santo, ajude, por favor, a Ana a lembrar onde deixou o livro! Amém".

—Amém!

—Ah...

Ana saiu correndo... ela esqueceu, mas tinha deixado o livro no revisteiro do banheiro, hehehe.

ORAÇÃO

Deus, o Senhor é o único em quem confio! Obrigado por sempre me ajudar.

ATIVIDADE

1) Para quais coisas você pede mais ajuda a Deus?

2) Você sabe o que são simpatias? Por que não devemos acreditar nelas?

Jesus é feio?

Dia 21

...refletimos a glória que vem do Senhor. Essa glória [...] vai nos tornando cada vez mais parecidos com o Senhor...
—2 Coríntios 3:18

—Mãe, estou preocupado.
—Por quê, filho?
—Hoje na escola vi uma obra de arte que representava Jesus e os discípulos.
—Que legal!
—Mas, mãe, eu achei Jesus feio.
—Oi?
—Será que ele vai ficar bravo comigo?
—Filho, a primeira coisa que você precisa saber é que essas obras representam apenas a imaginação do artista. Não existe nenhum retrato fiel de Jesus. Mas eu acho que Jesus não era assim tão bonito.
—Não? E como as pessoas gostavam dele?
—Aí é que está o segredo: Jesus era muito bonito por dentro, o Seu olhar era gentil, Suas palavras eram bondosas e Ele tratava os outros com respeito. Era isso que cativava as pessoas.
—Jesus era mesmo lindo, mãe!
—Ele era a pessoa mais amorosa de todas. E quando a Bíblia nos encoraja a sermos parecidos com Jesus, é dessa maneira, entendeu?
—Entendi, sim.

ORAÇÃO

Deus, ajude-me a ser cada vez mais parecido com Jesus!

ATIVIDADE

1) Em quais atitudes você se parece com Jesus?

2) Quais características de Jesus você ainda precisa aprender?

Dia 22

Ele me conhece muito bem

> Ó Senhor Deus, tu me examinas e me conheces. Sabes tudo o que eu faço...
> —Salmo 139:1,2

—**A**rthur Silva!
 Ixi, a mamãe deve estar brava comigo! Toda vez que ela fala meu nome inteiro é porque eu aprontei alguma coisa. O pior é que dessa vez eu nem sei o que foi que eu fiz de errado.
Fui para a sala esperando o pior... uma bronca daquelas...
—Filho, tem um "D" no seu boletim!
—Não tem não, mãe.
—Tem sim, Arthur. Olha aqui.
Eu olhei e entendi.
—Não, mamãe, isso aí é um "D" de aluno disciplinado. Para os alunos que bagunçam ou desobedecem, a professora colocou um "I" de indisciplinado no boletim deles.
A mamãe olhou melhor e viu que eu estava falando a verdade. Ufa!
Fiquei pensando: *Será que Deus me chama pelo meu nome inteiro quando eu apronto?*
Acho que sim, afinal, Ele conhece a gente muito bem. Mas eu tenho certeza de que Ele não me chamaria assim só *pra* dar bronca. Pois Deus é muito amoroso!

ORAÇÃO

Deus, obrigado por me conhecer tão bem e ser muito amoroso comigo!

ATIVIDADE

1) Como sua mãe o chama quando você apronta?

2) Deus nos conhece muito bem, mas você o conhece bem? Como Ele é, em sua opinião?

O homem humilde

Dia 23

> Entre vocês, o mais importante
> é aquele que serve aos outros
> —Mateus 23:11

O papai e eu fomos com um grupo de homens da igreja até uma escola num bairro carente de nossa cidade.

Nós fomos ajudar na reforma da escola. Eu e o papai ajudamos a pintar os muros, outras pessoas consertaram portas, janelas e cadeiras.

Tem um eletricista no nosso grupo trabalhando para deixar todas as luzes funcionando!

Agora há pouco, percebi que o Seu Darlan, um homem rico e importante de nossa igreja, está lavando os banheiros. Ele também ajudou a limpar os entulhos que tinha nos fundos da escola.

No começo eu fiquei impressionado de ver o Seu Darlan fazendo essas coisas, mas aí lembrei que ele deve ter aprendido isso com Jesus, pois Cristo, mesmo sendo o mais importante de todos, foi um exemplo de humildade. Jesus até lavou os pés dos discípulos...!

É, a gente precisa ser humilde igual a Jesus e o Seu Darlan!

ORAÇÃO

Querido Deus, ensine-me a ser humilde como Jesus e a ajudar os outros com alegria.

ATIVIDADE

1) Como você pode demonstrar amor e humildade em sua casa?

2) De que forma você pode ajudar alguém hoje?

Dia 24

Amor eterno

> ...Eu sempre os amei e continuo a mostrar que o meu amor por vocês é eterno.
> —Jeremias 31:3

Durante a aula de Português, a professora pediu para nos reunirmos em grupos de três. Eu e o Ênio estávamos perto e o Alessandro pediu para ficar com a gente.

Bem nesse momento o Sandro veio e pediu para entrar no grupo, mas a professora não deixou.

O Sandro ficou bravo comigo, pois achou que eu deveria tê-lo escolhido primeiro.

Fui para casa bem chateado. O Sandro não pode ser meu amigo só quando eu faço o que ele quer!

A Ana me disse que as amigas dela fazem a mesma coisa.

Aí, para me animar, ela me lembrou de uma coisa muito importante:

—Sabe, Arthur, Deus nos ama com amor eterno e incondicional.

—Como assim?

—Deus nos ama e vai amar sempre, não importa quanto tempo passe e nem se a gente vai ser legal ou chato, fazer o que é certo ou errado. Ele nos ama o tempo todo.

—Puxa, isso é que é amor, né?

ORAÇÃO

Obrigado, Deus, por não me abandonar e me amar sempre!

ATIVIDADE

1) Você já brigou com algum amigo por motivos bobos? O que ele fez?

2) Já conversaram a respeito e se perdoaram?

Esqueci a prova

Dia 25

> Você sabe o que Deus quer que você faça e aprende na lei a escolher o que é certo.
> —Romanos 2:18

Esqueci que hoje tinha prova de história.
Não estudei nadinha!
Fiquei supernervoso.
A mamãe sempre diz que Deus nos abençoa, mas a gente precisa fazer a nossa parte.
E dessa vez eu não tinha feito a minha.
Orei e pedi a Jesus para me perdoar. Só que eu precisava ir bem na prova, mas, como não tinha estudado, era meio impossível disso acontecer.
Bem que Deus podia fazer um milagre!
A professora já entrou na sala falando da prova, mas adivinha só… ela disse que a prova seria com consulta.
Ufa! Vou poder olhar o caderno e o livro. Assim, ficará mais fácil.
Que bom que Deus é misericordioso e ama a gente, né? Hoje Ele me livrou de um baita problemão, mas não dá para deixar de estudar para a prova e fazer disso um hábito… por isso, é melhor se preparar.

ORAÇÃO

Deus, agradeço por me ajudar em meio às trapalhadas que eu mesmo crio para mim.

ATIVIDADE

1) Você já deixou de estudar para alguma prova? Como você se saiu nessa avaliação?

2) O que você tem feito para melhorar em seus estudos?

Dia 26

Por que você é tão boazinha?

Estejam sempre prontos para responder a qualquer pessoa que pedir que expliquem a esperança que vocês têm.
—1 Pedro 3:15

As meninas da sala da Ana ficaram bravas com ela. Chegou uma menina nova na turma e as demais alunas não queriam que se falasse com ela.

A Ana contou que conversou com a garota. Então, algum colega abriu o tubo de cola da Ana para se vingar e, quando ela pegou o estojo, estava tudo melecado de cola.

—E o que você fez, Ana?

—Pedi licença à professora e fui ao banheiro limpar minhas coisas. Aí voltei para a sala e continuei estudando.

—E aí?

—Aí o Bruno perguntou: "Por que você é sempre tão certinha, Ana?". Eu respondi que tenho Jesus no coração e que Ele me ensina como agir em todas as situações. Ele pediu desculpas pelo estojo e todo mundo resolveu conversar com a aluna nova.

—Que bom!

—Ah, e aí o Bruno falou que quer saber mais sobre Jesus para aprender a se comportar melhor.

—Isso aí, Ana. Você deu um bom exemplo!

ORAÇÃO

Querido Deus, eu gosto muito de fazer o que é certo e de contar que sou Seu filho!

ATIVIDADE

1) De que maneira você pode mostrar aos outros que é filho de Deus?

2) Como você explica a sua fé em Jesus para as pessoas?

Dia 27
Atos de amor

> Se tiverem amor uns pelos outros, todos saberão que vocês são meus discípulos.
> —João 13:35

—Arthur, conte-me… como foi na escola hoje?

—Ah, primeiro teve aula de matemática e depois de ciências. Aí veio o recreio. A mãe do Augusto se esqueceu de mandar a lancheira dele, aí dividi meu sanduíche com ele.

—Que atitude bonita, Arthur!

—O que foi?

—Você demonstrou amor ao seu colega!

—Sério, como?

—Você se importou e dividiu o seu lanche com seu amigo.

—Ah, é! Mas aconteceu uma coisa chata também…

—O que foi? Brigou com alguém?

—É… mais ou menos.

—Arthur…!

—Fiquei irritado com o Ênio durante o jogo e disse que ele era um "perna de pau".

—Opa! Um dos principais mandamentos é que amemos os outros. Se você não gosta de ser desprezado, não pode fazer isso com outros. Amar é um exercício; quando você o pratica todos os dias, vai melhorando cada vez mais.

—Está bem, papai, amanhã vou me desculpar com o Ênio!

ORAÇÃO

Querido Deus, ajude-me a demonstrar amor para que as pessoas vejam o Senhor em mim.

ATIVIDADE

1) Anote durante uma semana todos os seus atos de amor.

2) Depois, converse com seus pais sobre isso e peça ajuda para melhorar.

Dia 28

Declaração de dependência

> ...porque sem mim (Jesus) vocês não podem fazer nada.
> —João 15:5

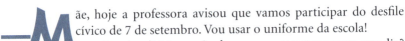

—Mãe, hoje a professora avisou que vamos participar do desfile cívico de 7 de setembro. Vou usar o uniforme da escola!
—Que legal! Mas você sabe por que comemoramos esse dia?
—Sei, sim. É o dia da Independência do Brasil!
—E o que isso significou para a história do nosso país?
—Que a gente parou de enviar nossas riquezas para Portugal, e eles pararam de mandar na gente.
—Muito bem. Isso é independência, mas você sabe o que é dependência?
—Sei também! Aprendi na igreja.
—Ah, é? Então explique.
—Um bebê, por exemplo, não sabe fazer nada sozinho e precisa da ajuda da mãe para tudo. E nós, que somos maiores, também precisamos ser dependentes, só que de Deus, né? Como Ele conhece todas as coisas e até o futuro, o certo é a gente depender dele e perguntar tudo o que devemos fazer, em oração.
—Muito bem, filho!

ORAÇÃO

Deus, o Senhor sabe de todas as coisas; me ajude a ficar sempre perto de você.

ATIVIDADE
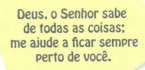

1) Qual a sua opinião sobre ser dependente de Deus?

2) Compartilhe uma experiência em que você dependeu de Deus.

Acidente na maquete

Dia 29

> E lembrem disto: eu (Jesus) estou com vocês todos os dias, até o fim dos tempos.
> —Mateus 28:20

Eu estava fazendo uma maquete para levar à escola e o tubo de cola vermelho virou bem em cima dela.

Eu gritei desesperado pela mamãe, mas ela estava tirando a roupa do varal por causa da chuva.

Quando ela entrou, eu chorava:

—O que aconteceu?

—A senhora não me ajudou e a minha maquete estragou inteira.

Ela ficou triste.

—Me desculpe, filho. Não podia deixar a roupa molhar.

—Mas agora não tenho trabalho para entregar.

—Filho, eu não pude ajudá-lo, mas amanhã vou à escola e explico tudo à professora. Sabe, por mais que a mamãe queira, nem sempre conseguirei atendê-lo em todos os momentos em que você precisar. Mas lembre-se de que onde você estiver, há Alguém que sempre estará cuidando de você: Deus.

Eu entendi a mamãe. E pensei em como é importante sermos amigos de Deus. Ele é o único que fica com a gente o tempo todo.

ORAÇÃO

Deus, obrigado por ficar comigo o tempo todo.

ATIVIDADE

1) Você acredita que Deus está pertinho o tempo todo? Por quê?

2) Em que momento você mais precisou de alguém para ajudá-lo?

Dia 30

Jesus sabe o porquê

> ...Os meus pensamentos não são como os seus pensamentos, e eu não ajo como vocês.
> —Isaías 55:8

Hoje um homem estava pintando algumas carteiras na escola. Percebi que ele só pintava a parte de fora das mesas. Mas é preciso pintar por dentro também!

Falei com a professora, e ela me explicou que o homem precisava fazer o trabalho em duas partes: primeiro ele pinta por fora e espera secar; e só depois pinta por dentro. Assim a pintura não corre o risco de borrar.

Aí lembrei de uma conversa que o papai e o vovô tiveram um dia desses. O papai perguntou para o vovô por que Deus tinha curado a perna do seu Marcelo de um câncer, mas deixou esse amigo do vovô com um andar esquisito.

O vovô disse para o papai que não tinha as respostas, mas Jesus sempre sabe os porquês.

Acho que Jesus é igual ao pintor: mesmo que eu não entenda, sempre existe um motivo importante para Ele fazer as coisas do jeito que faz.

ORAÇÃO

Jesus, ajude-me a confiar no Seu jeito de fazer as coisas, pois o Senhor sabe de tudo.

ATIVIDADE

1) O que você geralmente pensa quando não entende o que alguém está fazendo?

2) Você sempre faz as coisas do jeito que acha certo? Por quê?

Dia 31
Estudar e orar para quê?

> (Senhor) Dá-nos sucesso em tudo o que fizermos;
> sim, dá-nos sucesso em tudo.
> —Salmo 90:17

—Pai, por que a gente precisa estudar e orar para fazer a prova? Isso não é fé.

—É, sim.

—Não é, não. Fé é eu não ter que estudar e ainda crer que Deus me ajudará a ir bem na prova.

—Mas como Deus vai ajudá-lo?

—Ué… é só Ele colocar as respostas na minha cabeça.

—Não, filho. Existem pessoas que desagradam a Deus por não acreditarem nele, mas aquelas que são folgadas e confundem Deus com a lenda do gênio da lâmpada também o entristecem.

—Tudo bem, mas então não vou orar, já que vou ter que estudar mesmo…

—Filho, já ouviu falar de pessoas que estudaram, mas, na hora da prova, deu um branco? A pessoa até sabe, mas ficou tão nervosa que não conseguia lembrar. É aí que Deus entra, trazendo calma, confiança e ajudando a pessoa a resolver as questões da prova do melhor jeito.

—Tem razão, papai. Vou estudar e orar.

ORAÇÃO

Querido Deus, ajude-me a ter fé e a não fugir das minhas responsabilidades.

ATIVIDADE

1) Você acha que as nossas ações devem ser acompanhadas pela oração? Por quê?

2) Quais têm sido os efeitos da oração em sua vida?

Dia 32

Saber repartir

> Não importa nem o que planta nem o que rega, mas sim Deus, que dá o crescimento.
> —1 Coríntios 3:7

Hoje tivemos uma surpresa bem legal na aula.
 A professora de matemática levou bolo de aniversário e brigadeiros.
 —Professora, é seu aniversário hoje?
—É, sim. E eu trouxe essas delícias para comemorarmos juntos e começarmos a aula com ânimo total!
 Cada um ganhou quatro brigadeiros e um pedaço de bolo.
 Eu comi um brigadeiro e o bolo. Aí, o Sandro me perguntou por que guardei três brigadeiros.
 —É que eu resolvi repartir com o papai, a mamãe e a Ana.
 —Que bobo! Se você não falar, eles nem vão saber que você ganhou!
 —Sim, mas, se a professora pensasse assim, também não teríamos ganhado esses doces. O papai me ensinou que quem tem Jesus no coração é generoso e divide o que tem.
 —Ah, entendi. Puxa vida, eu já comi três brigadeiros. Só tem mais um!
 —Ué, guarda para o seu irmão pequeno!
 —Boa ideia!

ORAÇÃO

Querido Jesus,
Sua bondade me abençoa
e eu quero abençoar
todos à minha volta.

ATIVIDADE

1) Você é alguém generoso? O que você faz que demonstra isso?

2) Quando alguém reparte alguma coisa com você, qual é a sua reação?

Superando desafios

Dia 33

> Seja forte e corajoso! Não tenha medo nem desanime, pois o Senhor, seu Deus, estará com você...
> —Josué 1:9 NVT

Hoje começaram os Jogos Escolares da cidade, e fui escalado para o time de futebol. Quando entramos na quadra, na escola adversária, a torcida deles fazia muito barulho. Os jogadores deles eram mais altos e fortes do que nós. Ficamos apavorados!

O técnico reuniu a equipe e disse:

—Galerinha, é o seguinte: vocês jogam bem. O segredo é acreditar! Na Bíblia tem a história de um rapaz chamado Neemias. Ele organizou o povo e reconstruiu os muros da cidade em apenas 52 dias. Durante o trabalho, teve gente torcendo contra e atrapalhando, mas ele sabia que Deus estava na frente e manteve o foco. Foi assim que tudo deu certo! Agora vocês vão entrar em campo, jogar bem, trocar passes e marcar gols. Não importa o tamanho deles, façam gols!

Dito e feito!

Bem que o outro time tentou, mas nós acreditamos e ganhamos a partida!

ORAÇÃO

Amado Deus, aprendi que, quando confio no Senhor, já venci os desafios!

ATIVIDADE

1) Qual foi o maior desafio que você já enfrentou?

2) Em quais momentos da sua vida você pede ajuda de Deus?

Dia 34

Disputa de matemática

...Não tenha medo nem desanime, pois o Senhor, seu Deus, estará com você... —Josué 1:9 NVT

Ana chegou nervosa em casa. Ela e outras duas alunas foram escolhidas para representar a nossa escola no campeonato de matemática da cidade.

Ana ficou preocupada. Ela acha que não irá bem!

Mas a mamãe teve uma ideia: ela, o papai e eu fizemos cartas e bilhetes para a Ana dizendo o quanto ela é estudiosa, aplicada, inteligente e o quanto ela gosta de matemática.

Eu fiquei na dúvida se a Ana gostaria, mas a mamãe disse que isso é encorajamento.

—O que é encorajamento, mãe?

—É quando nos esforçamos para ajudar alguém a acreditar que é capaz de realizar alguma coisa importante ou difícil!

Quando Ana entrou no quarto e encontrou nossas mensagens, ficou muito feliz! Ela ficou mais empolgada para o desafio, e nós prometemos orar por ela e ajudá-la a estudar.

ORAÇÃO

Deus, ajude-me a encorajar meus amigos a fazerem coisas boas e importantes.

ATIVIDADE

1) Você já enfrentou um desafio difícil? Qual?

2) Quem o encorajou a realizá-lo?

Convidados para o aniversário

Dia 35

> ...nunca tratem as pessoas de modo diferente por causa da aparência delas.
> —Tiago 2:1

A mãe da Bebel fará uma festa de aniversário para ela.
Na mesa para o lanche da tarde, ela e a Ana resolveram organizar a lista dos convidados:
—Bebel, você vai convidar a Maria Eduarda?
—Acho que não!
—Ué, por quê?
—Acho que ela não pode dar presente!
Ao ouvir isso, a mãe da Bebel se aproximou:
—Filha, você deve convidar as pessoas por amá-las e considerá-las pelo que elas são, não pelo que têm. Amizade não é um negócio. Você não compra amigos e por isso não deve se preocupar com presentes. Você gosta da Maria Eduarda?
—Sim!
—Então, coloque o nome dela na lista para sua festa.
Como eu estava junto, lembrei-me do papai dizendo que Jesus nos deu o maior presente de todos, mesmo sabendo que jamais conseguiríamos retribuir. O papai disse que devemos oferecer amor às pessoas sem esperar nada em troca. Acho que foi isso que a mãe da Bebel tentou explicar a ela!

ORAÇÃO

Jesus, ensine-me a ser alguém amoroso e generoso com as pessoas!

ATIVIDADE

1) Você brinca com todas as crianças da sua turma, ou exclui algumas? Por quê?

2) Peça aos seus pais para lhe explicarem o que é "Amar sem interesse"!

Dia 36

A entrega dos convites

...façam o bem, que sejam ricos em boas ações, que sejam generosos e estejam prontos para repartir...
—I Timóteo 6:18

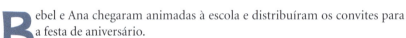

Bebel e Ana chegaram animadas à escola e distribuíram os convites para a festa de aniversário.

Cada aluno que recebia o convite ficava feliz, mas, quando chegou a vez da Maria Eduarda, foi especial.

Ela não esperava ser convidada e ficou tão feliz, mas tão feliz, que seus olhos se encheram de lágrimas.

A Bebel e a Ana sentiram tanta alegria por ver a felicidade da Maria Eduarda que só falaram disso enquanto voltávamos para casa.

Foi então que a mãe da Bebel explicou:

—Filha, a generosidade é uma das características mais bonitas nos seres humanos. A própria Bíblia diz que dar é melhor que receber. E hoje tenho certeza que vocês experimentaram essa sensação de alegria em abençoar alguém.

—Verdade, mãe! Mesmo que ela não me dê nada, a alegria que sinto por vê-la feliz é maior do que ganhar qualquer presente.

ORAÇÃO

Jesus, quero ser generoso e amar as pessoas sem exigir nada em troca.

ATIVIDADE

1) Você já deixou alguém feliz por algo que fez? O que foi?

2) Descreva como você se sentiu depois dessa experiência.

Dia 37

Reclamar é pecado?

> Levo (ao Senhor) todas as minhas queixas
> e lhe conto todos os meus problemas.
> —Salmo 142:2

—Mãe, é pecado reclamar?
—É.
—Mas e se eu estiver com dor? Se eu não reclamar, a senhora não pode me ajudar, né?
—Verdade…
—E se eu não contar à professora que a matéria ou exercício estão difíceis? Como ela saberá que precisa me ajudar?
—Verdade, filho, você tem razão. É que existem pessoas que reclamam de tudo, sendo, muitas vezes, ingratas e injustas. Mas, nessas situações que você está falando, você não está reclamando, mas, sim, indicando os problemas e pedindo ajuda para resolvê-los. É diferente e, nesses casos, Deus não se entristece. Ao contrário, quando estamos orando, Ele fica feliz se "reclamamos" para Ele, pois então Ele sabe que estamos confiando no poder dele para nos ajudar.
—Ufa! Ainda bem, porque hoje eu reclamei bastante na aula de ciências, então a professora me ajudou.

ORAÇÃO

Deus, nos momentos difíceis, vou me queixar para o Senhor, mas é só para você me ajudar...

ATIVIDADE

1) Você reclama de tudo ou pede ajuda? Para quem?

2) Quem é a pessoa que mais o ajuda quando você está com alguma dificuldade?

Dia 38

Desclassificadas

> (O Senhor) fica perto dos que estão desanimados e salva os que perderam a esperança. —Salmo 34:18

Depois de tanto incentivo, Ana foi animada para o campeonato de matemática. Hoje foi a primeira fase da disputa.

Mas, quando as alunas voltaram para a escola, estavam desanimadas e tristes.

Então a professora explicou que, por muito pouco, elas ficaram de fora da semifinal e final, que acontecerão na próxima semana.

Enquanto íamos embora, Ana chorava de decepção.

Em casa, o papai a abraçou e orou com ela, pedindo ao Espírito Santo que consolasse o coração da minha irmã.

Ela se sentiu melhor...

Papai sempre diz que nem tudo na vida será do jeito que a gente quer e imagina, mas que o importante é saber que em tudo, nos momentos alegres ou nos tristes, Jesus está sempre conosco, derramando Sua graça e nos fortalecendo.

Ainda bem! Só Jesus para consolar a minha irmã, porque eu não consegui.

ORAÇÃO

Pai celestial, é tão bom saber que o Senhor nos consola quando estamos tristes!

ATIVIDADE

1) Você já experimentou o consolo do Espírito Santo? Como foi?

2) O que você sente por saber que Jesus está com você em todos os momentos?

Pedido de ajuda

Dia 39

> Pois o Senhor ama a justiça...
> —Salmo 37:28 NTV

—Mamãe, a senhora acredita que ainda existe trabalho infantil e trabalho escravo no mundo?

—Infelizmente existe, sim, Arthur! E em muitos lugares.

—Na aula de história, a professora falou que existe muita gente trabalhando de forma irregular na indústria que faz roupas. Como que é o nome mesmo?

—Indústria têxtil.

—Isso! Aí ela disse que às vezes, quando as pessoas compram as roupas, existem palavras escritas em outras línguas dentro ou na etiqueta e aí, quando essas descobrem o que significam, elas veem que é um pedido de socorro!

—Verdade, filho. E graças a esses pedidos de socorro, a sociedade já se mobilizou em várias partes do mundo para combater essas injustiças. E sempre que possível, além de orar, devemos apoiar essas causas no combate a essas injustiças munidos com o amor de Deus.

ORAÇÃO

Querido Deus, ajude-me, no Seu amor, a combater as injustiças que existem ao meu redor.

ATIVIDADE

1) Combata o trabalho infantil e o trabalho escravo no mundo com oração. E, quando possível, aja!

2) Quando precisa de socorro, a quem você recorre?

Dia 40

Slackline

> Imediatamente Jesus estendeu a mão, segurou Pedro...
> —Mateus 14:31

Na aula de Educação Física hoje, o professor levou uma fita elástica e a amarrou entre duas árvores. O nome desse esporte é *slackline*.

Era só subir na fita e andar até o outro lado. Mas ninguém conseguiu de primeira…

O professor deu muitas dicas e disse que o segredo é usar os braços para se equilibrar. Mesmo assim, foi muito difícil.

Ainda tentei andar bem rápido, mas perdi o equilíbrio e quase dei de cara no chão. Sorte que o professor me segurou!

Quando contei ao papai sobre a aula, o olho dele encheu de lágrimas.

—O que foi, pai?

—Filho, ainda hoje eu estava pensando que é difícil ser adulto e equilibrar tudo nessa vida. Aí o Espírito Santo me fez lembrar de quando Jesus segurou a mão de Pedro e não o deixou afundar. É mais ou menos como seu professor fez com você hoje. Jesus nos livra de cair todos os dias!

ORAÇÃO

Jesus, obrigado por ajudar o meu pai a dar conta das coisas que precisa fazer todos os dias.

ATIVIDADE

1) Seus pais são muito atarefados como o do Arthur? O que eles fazem?

2) De que maneira você os ajuda?

Segunda chance

Dia 41

> Como Deus é poderoso! Ele não despreza ninguém.
> Deus sabe todas as coisas.
> —Jó 36:5

A professora mandou a gente formar grupos de quatro pessoas para fazer o trabalho de história. Eu, o Ênio e o Sandro já estávamos juntos, aí resolvi chamar o Samuel.

O Ênio não quis.

Ele disse que o Samuel é preguiçoso e que, no ano passado, quando fizeram um trabalho juntos, ele quase não ajudou.

Só que, enquanto a gente ficou decidindo, os outros grupos ficaram completos e só sobrou o Samuel. A professora mandou ele ficar com a gente.

Na hora de fazer o trabalho, o Samuel nos ajudou bastante, e o Ênio ficou menos bravo.

Contei tudo para o papai antes de dormir, e ele me disse que as pessoas erram muito, mas Deus perdoa e ajuda as pessoas a melhorarem. Com o tempo, o Samuca melhorou. Nós realmente precisamos dar novas chances às pessoas.

Achei isso bem legal! Que bom que nós demos essa segunda chance para o Samuel!

ORAÇÃO

Deus, obrigado por perdoar o que a gente faz de errado e nos ajudar a sermos melhores!

ATIVIDADE

1) Você perde a paciência com quem faz as coisas de forma errada? Por quê?

2) E quando é você quem erra, de que forma você reage?

Dia 42

Bolo de chocolate

...sejam generosos e estejam prontos para repartir com os outros aquilo que eles têm.
—I Timóteo 6:18

Minha mãe mandou bolo de chocolate no lanche. Ela mandou quatro pedaços para eu repartir com meus amigos.

Quando abri a lancheira, meus amigos ficaram de olho no meu lanche. Tinha seis amigos e só quatro pedaços de bolo. Então, dividi três pedaços e dei a metade para cada um. Eu ficaria com um pedaço, mas aí apareceram o Sandro e o Ênio.

E se não ganhassem do bolo, eles ficariam com vontade.

Então lembrei que em casa tinha mais bolo e reparti o meu pedaço com eles.

Cheguei em casa com muita fome e contei para a mamãe o que tinha acontecido. Ela sorriu e disse:

—Que bom, filho, pois eu peguei o restante daquele bolo e recheei com *marshmallow*!

Uau! Eu amo *marshmallow*.

Bem que a mamãe sempre diz que Deus é generoso com quem pratica a generosidade.

Comi dois pedaços! Estava muito bom!

ORAÇÃO

Jesus, ajude-me a ser generoso e a repartir com os meus amigos aquilo que tenho.

ATIVIDADE

1) Você costuma dividir doces e brinquedos com seus amigos? O que o motiva a fazer isso?

2) Alguém já foi generoso com você? O que você sentiu?

Dia 43

Imitando Jesus

> Sejam meus imitadores,
> como eu sou imitador de Cristo.
> —I Coríntios 11:1 NVT

Hoje na aula de Educação Física a gente brincou de "sombra". Um aluno precisava imitar com perfeição o que o outro estava fazendo.

Algumas pessoas foram muito mal, mas teve gente que parecia um espelho de tão igual.

A Ana e a Bebel viram quando foi a minha vez, mas elas disseram que eu não sou muito bom para fazer a "sombra".

O Sandro me defendeu.

Ele disse que eu posso até não ser muito bom como "sombra", mas sou o melhor imitador de Jesus que ele conhece.

—Como assim?

—Ah, Ana, o seu irmão é muito legal. Ele é parceiro, ajuda todo mundo, não arruma brigas e ainda ajuda a resolver os problemas dos outros. Ele fala do amor de Jesus para todo mundo. Aí, um dia, falei dele para o meu tio, e ele disse que o Arthur é tão parecido com Jesus que o dia que eu quiser ver Jesus é só olhar para o Arthur.

ORAÇÃO

Jesus, estou feliz por saber que me pareço com o Senhor por imitá-lo em meu viver!

ATIVIDADE

1) Pense sobre o seu comportamento. Você acha que se parece com Jesus? Por quê?

2) O que você pode melhorar para se parecer mais com Ele?

Dia 44

Fazendo a sua parte

> Ponha a sua vida nas mãos do Senhor, confie nele, e ele o ajudará.
> —Salmo 37:5

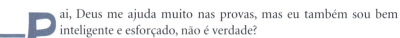

—Pai, Deus me ajuda muito nas provas, mas eu também sou bem inteligente e esforçado, não é verdade?

—Mais ou menos!

—O senhor não me acha esforçado?!

—Acho, sim. Mas até a sua força de vontade vem de Deus.

—Tudo é Deus quem dá para a gente?

—Sim, filho, Ele é o nosso Criador. E é essa certeza que traz paz ao nosso coração. Deus conhece o que aconteceu no passado, o que acontece hoje e até o que acontecerá no futuro. E faz tudo com amor por mim e por você.

—Ele sabe se eu vou me dar bem ou mal na prova?

—Sabe, sim!

—Então, Ele me ajuda quando sabe que vou me dar mal?

—Não da forma que você imagina. O que Ele faz é ajudá-lo a entender a matéria, a lembrar de estudar, mas, se você decidir não se dedicar, Ele não interfere, pois foi você quem escolheu não estudar... e Ele respeita as suas decisões.

—Ah, entendi.

ORAÇÃO

Senhor, obrigado porque posso contar com a Sua ajuda quando escolho fazer o que é certo.

ATIVIDADE

1) Você faz a sua parte quando pede a Deus para ajudá-lo a se dar bem na prova?

2) Por que Deus não interfere em suas decisões?

Dia 45

Ajudando a colega

> Ele nos auxilia em todas as nossas aflições para podermos ajudar os que têm as mesmas aflições...
> —2 Coríntios 1:4

Hoje a turma da Ana apresentou uma peça de teatro na escola.

Teve uma hora em que uma menina começou a demorar muito para entrar na parte dela. A professora foi falar com ela e, depois, a coordenadora também, mas a menina não entrava no palco.

Aí, a Ana foi lá falar com ela. Depois que elas conversaram, a menina entrou e fez a parte da Maçã Falante.

Agora há pouco, a Ana me falou que a menina estava morrendo de vergonha e que isso já aconteceu com ela. Então ela lembrou que só conseguiu ir para o palco de olho fechado. Aí a Ana deu essa dica, e a menina conseguiu fazer a peça.

A mamãe disse que a Ana "encorajou" a sua amiga porque já tinha experimentado aquela "aflição".

—O que é aflição, mãe?

—É uma espécie de medo e insegurança. Sua irmã, pela própria experiência, ajudou a amiga a superar essa dificuldade.

—Ah, entendi.

ORAÇÃO

Deus, ajude-me nas minhas aflições para que eu possa ajudar os meus amigos nas deles.

ATIVIDADE

1) Por qual aflição você já passou e que, devido a essa experiência, pôde ajudar alguém depois?

2) E você, já foi ajudado em sua aflição? Como?

Dia 46

Deus é demais!

Olhem para o céu e vejam as estrelas. Quem foi que as criou? Foi aquele que as (...) chama cada uma pelo seu nome.
—Isaías 40:26

Hoje a professora de ciências falou que tem tantas estrelas no céu que os cientistas não conseguem contar.

Eu fiquei pensando que Deus conhece todas as estrelas... e pelo nome! Minha mãe também já me disse que Ele sabe quantos fios de cabelo tem na cabeça de cada pessoa e quantos grãos de areia tem em cada praia.

Deus é muito poderoso e inteligente, né? Mas, também, não é para menos: foi Ele quem criou tudo!

Sabe, eu acho Deus sensacional. Ele é superpoderoso, sabe de todas as coisas e não me esnoba como fazem uns colegas da escola.

Mesmo Deus sendo tão rico, forte e poderoso, Ele, em Jesus, me chama de amigo. E, por meio do Espírito Santo, está comigo e me ajuda em todas as horas. Deus é tão grandioso que, apesar de existirem tantas pessoas no mundo, Ele sabe o nome de cada uma delas, inclusive o meu. Isso não é legal?

Deus é demais!

ORAÇÃO

Deus, a Sua criação é incrível e o Senhor mais ainda! Obrigado por saber o meu nome.

ATIVIDADE

1) Quantas estrelas você acha que existem no céu?

2) O que você sente ao saber que Deus o conhece pelo seu nome?

Eu no desfile cívico

Dia 47

> ...o mundo passa [...]; porém aquele que faz a vontade de Deus vive para sempre.
> —I João 2:17

Hoje comemoramos o Dia da Independência do Brasil. A professora explicou por que acontece um desfile com as tropas do Exército Brasileiro em muitas cidades brasileiras.

Aqui em nossa cidade também teve, e a nossa escola participou. Eu desfilei no grupo dos esportistas da escola.

A gente passou várias semanas se preparando para esse momento, só que, na hora do desfile, foi tão rapidinho que fiquei até um pouco chateado.

O papai percebeu e perguntou:

—O que foi, Arthur?

—Ah, pai, foi muito rápido!

—Sei como é. Eu e sua mãe passamos quase um ano preparando nosso casamento, e, no dia, foi tudo tão rápido, mas tão rápido, que nem aproveitamos direito. A vida é bem assim, viu, filho? Nesta Terra, tudo passa rapidamente... até nós. Mas quem ama a Deus vive para sempre. Nossa alegria está na eternidade porque viveremos ao lado do Pai!

ORAÇÃO

Deus, que bom que na eternidade a gente não precisará fazer tudo correndo!

ATIVIDADE

1) O que você mais gosta de fazer para o tempo passar rapidinho?

2) Você já participou de um desfile cívico? Desfilando ou assistindo? Como foi?

Dia 48

Contando tudo para Deus

> Entreguem todas as suas preocupações a Deus, pois ele cuida de vocês.
> —1 Pedro 5:7

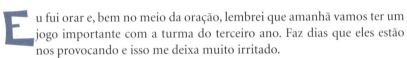

Eu fui orar e, bem no meio da oração, lembrei que amanhã vamos ter um jogo importante com a turma do terceiro ano. Faz dias que eles estão nos provocando e isso me deixa muito irritado.

—Mamãe?

—Oi, Arthur! Você não estava orando?

—Eu estava, mas acabei me distraindo. É que amanhã vamos jogar e estou preocupado.

—Ei, filho, tive uma ideia! Porque, ao invés de me contar sobre o jogo, você não fala para Deus tudo o que está pensando?

—Sobre o jogo?

—Sim!

—Mas eu estou até com raiva da outra turma…

—Então, conta para Ele!

—Ixi, mãe…

—Conta para Ele exatamente como você contaria para um amiguinho!

Eu fiz isso e a minha oração ficou tão mais legal! E a minha raiva até passou! Aí me lembrei de que Deus é meu amigo e gosta muito quando converso com Ele sobre todos os assuntos.

ORAÇÃO

Deus, obrigado por me deixar desabafar. É muito bom poder falar com um amigo quando preciso.

ATIVIDADE

1) Sobre o que você mais conversa com Deus?

2) Como se sente em saber que Ele se interessa pelos seus assuntos e ouve tudo o que você fala?

Estudar é bom para você!

Dia 49

> Ó Deus, tu és bom e fazes o bem;
> ensina-me os teus mandamentos.
> —Salmo 119:68

A mamãe pega muito no meu pé para estudar. Eu já disse para ela não se preocupar, porque eu memorizo fácil as matérias.

Mas hoje ela me deixou preocupado. Ela disse que, se eu não aprender bem as coisas agora, quando for para as séries mais difíceis, terei problemas para aprender.

Eu não quero ter problemas! Fui conversar com o papai e ele me disse que a mamãe tem razão.

Ele me contou que anos atrás percebeu que não conhecia Deus tão bem como pensava e descobriu que era porque estudava pouco a Bíblia. Aí ele passou a se dedicar mais e entendeu melhor a bondade, a sabedoria, o poder e o amor de Deus. E isso fez ele se tornar uma pessoa melhor!

Pelo jeito essa coisa de estudar é pra ser a vida toda, pois meu pai é adulto e continua estudando.

É... se a gente fica melhor estudando a Bíblia, eu também vou estudá-la!

ORAÇÃO

Jesus, eu acho muito legal conhecer o Senhor também estudando a Bíblia!

ATIVIDADE

1) Qual parte da Bíblia você mais gosta de estudar?

2) Que história bíblica você escolherá para estudar na próxima semana?

Dia 50

Domínio próprio…

...o Espírito de Deus produz o amor, a alegria, a paz, a paciência, a delicadeza, [...] e o domínio próprio.
—Gálatas 5:22,23

Hoje, na escola, sem querer, esbarrei em um menino e o celular dele caiu, soltando a bateria.

Ele ficou tão bravo que me xingou de vários nomes feios. Muitas crianças riram de mim. Que raiva!

Tive vontade de chutá-lo! Também quis falar um monte de nomes feios para ele. Mas não fiz isso.

Com a confusão, a coordenadora da escola levou a gente para a diretoria.

Lá em casa, expliquei tudo para a mamãe, e ela ficou aliviada por eu não ter feito nada contra o menino.

—Sabe, mãe, eu não fiz nada, mas tive muita vontade.

—Arthur, você é uma pessoa normal. Sentiu raiva porque foi maltratado, mas o Espírito Santo lhe deu forças para se controlar e não agredir o garoto. Agora, o próprio Espírito Santo vai ajudá-lo a perdoar esse menino.

—Ainda bem, mãe. Se não fosse o Espírito de Deus… não sei, não.

—Que orgulho, filho!.

ORAÇÃO

Querido Espírito Santo, agradeço por me ajudar a me controlar quando estou com raiva.

ATIVIDADE

1) Você já foi maltratado por alguém? Por quê?

2) De que forma você reagiu nessa situação?

DNA

Dia 51

> ...luz de vocês deve brilhar para que [...] vejam as coisas boas que vocês fazem e louvem o Pai de vocês...
> —Mateus 5:16

Hoje na aula, alguém perguntou o que é DNA. A professora disse que é um composto orgânico que contém todas as informações genéticas das pessoas. Ela explicou que a gente herda as características dos nossos pais e isso fica no DNA. Falou também que aprenderemos isso melhor daqui a alguns anos, quando formos mais velhos.

Fiquei pensando se meu amor por Jesus foi herdado do papai e do vovô.

Mas a mamãe me explicou que, na verdade, isso não é herança genética, é um ensino. Como eu vejo o exemplo do amor do papai e do vovô, eu fico motivado a amar a Jesus também. Ela disse que isso é legado.

—Legal?
—Não! Legado!
—Credo, hoje só estão falando coisas difíceis. O que é isso?
—Legado é o bom exemplo que deixamos para as pessoas que vêm depois de nós.
—Eu vim depois, né? Porque sou filho do papai...
—Isso mesmo!

ORAÇÃO

Deus, obrigado pelo bom exemplo de pessoas que o amam, pois assim pude conhecê-lo.

ATIVIDADE

1) Qual o melhor legado que você recebeu da sua família?

2) Na sua casa, quem é a pessoa que mais o ensina sobre o amor de Deus?

Dia 52

Oração... nem melhor nem pior...

> Mas você, quando orar, vá para o seu quarto, feche a porta e ore ao seu Pai, que não pode ser visto...
> —Mateus 6:6

Ana chegou brava em casa. Disse que lá na escola as meninas fizeram um grupo de oração e era para cada uma orar um pouco. Ela foi a primeira e fez uma oração curta, só que aí a outra menina fez uma oração suuuper longa, com umas palavras que a Ana ainda nem conhece.

A mamãe não entendeu por que a Ana estava brava! Ana explicou que era porque ela perdeu para a menina na oração.

A mamãe caiu na risada.

Minha irmã ficou vermelha de raiva!

A mamãe pediu desculpas e explicou que não existe oração pior ou melhor, muito menos competição na hora de orar. Deus está interessado na humildade do nosso coração.

—Como assim?

—Ele deseja que demonstremos nossa confiança nele e que sejamos sinceros quando falamos das nossas necessidades e também dos nossos sentimentos. Lá no Céu não existe competição.

A Ana ficou sem graça e mais calma.

ORAÇÃO

Deus, perdoe-me quando oro mais para as pessoas notarem a mim do que ao Senhor.

ATIVIDADE

1) Você gosta de orar? Por quê?

2) Qual o seu assunto preferido quando conversa com Deus?

Jeitos de ajudar alguém

Dia 53

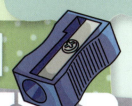

> Portanto, sempre que pudermos, devemos fazer o bem a todos...
> —Gálatas 6:10

Hoje conheci um pastor muito legal. Ele me perguntou o que eu faço para ajudar as pessoas. Aí eu falei que não faço nada, mas a mamãe disse que eu faço, sim. Ela disse que eu ajudo meus amigos quando eles não entendem uma matéria da escola que eu já entendi.

Aí ele me disse que isso era uma bênção, mas eu acho que não é ajudar igual a assistência social lá da igreja faz. Lá eles conseguem doações de roupas e alimentos para ajudar as pessoas que precisam.

O pastor falou que ajudar não é só dar comida e roupas. Ele me explicou que abençoamos alguém quando oferecemos o que a pessoa precisa.

Na escola, meus amigos têm comida e roupas, mas às vezes precisam de ajuda para ir bem na prova, então, eu estou no caminho certo.

Ele disse que existem muitas formas de manifestar o amor de Deus.

ORAÇÃO

Querido Deus, eu fico muito feliz quando posso abençoar a vida de outras pessoas.

ATIVIDADE

1) O que você já fez para abençoar outras pessoas?

2) Pense em algum jeito novo de ser bênção na vida de alguém.

Dia 54

Não gosto dela

> O meu mandamento é este: amem uns aos outros como eu amo vocês.
> —João 15:12

Uma menina da sala da Ana passou pela gente e deu tchauzinho. A Ana fez uma cara de quem não gostou e nem respondeu. Aí eu perguntei:
—Você brigou com ela?
—Não!
—E por que fez essa cara?
—Você acredita que essa menina fala palavrão?
—Acredito, e isso é muito feio, mas por que a ignorou?
—Ah, Arthur, não gosto de gente que fala palavrão!
—Mas ela já te xingou?
—Não!
—Eita, Ana, você não está se esquecendo de nada, não? Lembra que a mamãe já explicou que a gente tem que gostar das pessoas como Jesus gosta da gente? Ele nos ama até quando a gente fica bravo ou desobedece aos pais.
—Ah, Arthur, lá vem você querendo ser mais certinho que os outros.
—Eu, não. Você, né?!
—Eu?
—É... ficou toda brava porque a outra menina fala palavrão!
—Puxa, você tem razão. Acho que preciso tratá-la melhor.
—Isso mesmo!

ORAÇÃO

Deus, ensine-me a amar e a tratar as pessoas do jeito que o Senhor deseja.

ATIVIDADE

1) O que motiva você a julgar as pessoas?

2) Por que devemos amar aqueles que fazem coisas erradas?

O lanche é só meu

Dia 55

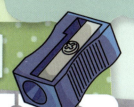

> Dá-me novamente a alegria da tua salvação
> e conserva em mim o desejo de ser obediente.
> —Salmo 51:12

Hoje a mamãe mandou de lanche um pedaço enorme de torta de frango com azeitonas… minha preferida.

Antes do recreio, o Sandro me contou que não tinha levado lanche, e eu fiquei quieto.

Quando bateu o sinal, corri para um canto escondido e comi quase toda a torta, mas logo o Sandro me achou e perguntou se eu ainda tinha algum lanche.

Como eu não queria dividir meu lanche, disse que não tinha mais.

De repente, fiquei triste e com vergonha.

Cheguei em casa tão chateado que a mamãe logo me perguntou o que tinha acontecido. Não consegui esconder e contei tudo.

Achei que ela brigaria comigo, mas a mamãe me abraçou.

Ela explicou que eu estava me sentindo mal porque fui egoísta e mentiroso, mas que Deus me perdoaria se me arrependesse de verdade. Afinal, Ele é bom, consola o nosso coração e nos ajuda a não repetir os erros.

Ela orou comigo e fiquei bem melhor.

ORAÇÃO

Amado Pai,
perdoe as vezes em que
fui egoísta e menti
para me dar bem.
Ajude-me a ser melhor.

ATIVIDADE

1) Qual foi a última coisa que você fez da qual sente vergonha?

2) Que tal orar agora e pedir perdão por isso?

Dia 56

O benfeitor da escola

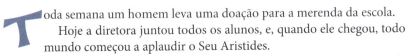

Assim eu tiro os seus pecados
e agora vou vesti-lo com roupas de festa.
—Zacarias 3:4

Toda semana um homem leva uma doação para a merenda da escola. Hoje a diretora juntou todos os alunos, e, quando ele chegou, todo mundo começou a aplaudir o Seu Aristides.

Ele começou a chorar e contou pra gente que, quando era adolescente, ele e alguns amigos invadiram uma escola e destruíram e sujaram toda a cozinha.

Quando soube disso, a mãe dele brigou e o fez pedir desculpas. Ela explicou que muitas crianças carentes ficaram com fome por causa da maldade que eles fizeram.

Ele ficou envergonhado, pediu desculpas na escola e prometeu que, quando tivesse seu próprio dinheiro, ajudaria a pagar a merenda de uma escola.

Aí ele, ainda chorando, disse que Deus era muito bom, porque nesse dia Deus mudou a história dele e, ao invés de ser envergonhado, ele foi honrado com os aplausos dos alunos.

ORAÇÃO

Deus, obrigado por transformar o coração das pessoas para que pratiquem o bem.

ATIVIDADE

1) Tem alguma coisa ruim que você fazia e agora não faz mais? O quê?

2) Como você se sente sobre isso?

Jonas egoísta

Dia 57

> Deus viu [...] como abandonaram os seus maus caminhos [...] e não castigou a cidade. Por causa disso, Jonas ficou com raiva... —Jonas 3:10; 4:1

O Mauro, um menino da sala, atrapalhou tanto a aula hoje que a professora fez uma prova surpresa.

No meio da prova, a professora permitiu consultar o livro e até o Mauro foi bem.

Fiquei muito bravo com ele e com a professora.

—Papai, toda a turma pagou pela bagunça dele e, no final, a professora ainda deixou ele ir bem na prova.

—Arthur, você está parecendo o Jonas da Bíblia!

—Ué, por quê?

—O Jonas teve medo de pregar em Nínive, porque o povo era mau. Então, ele desobedeceu e foi parar na barriga do peixe. Deus teve misericórdia dele e, depois que Jonas pregou, o povo se arrependeu e foi perdoado. Ele ficou muito bravo porque Deus foi bondoso.

—Que egoísta o Jonas, né, pai?

—Pois é... Parece alguém que entrou bravo no carro hoje só porque o colega foi perdoado.

—Ihhh, verdade. Não tinha pensado nisso. Foi mal!

ORAÇÃO

Deus, obrigado pelo Seu amor que perdoa a gente por tudo e o tempo todo.

ATIVIDADE

1) O que você faz ou sente quando acha que merece ser mais beneficiado do que outra pessoa?

2) Por que não devemos pensar assim?

Dia 58

Ana maluca

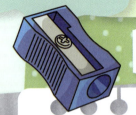

> Não deixem que o mal vença vocês,
> mas vençam o mal com o bem.
> —Romanos 12:21

Quando saímos da escola, um pouco mais à frente, vimos um grupo de alunos numa roda. Ana e eu fomos ver o que era, e um menino grandão estava gritando com outro menino bem pequeno.

Percebi que o menino menor estava com muito medo, mas os outros alunos só gritavam:

—Briga, briga, briga!

Na hora, a Ana deu um grito e entrou no meio dos dois!

O menino maior ficou tão bravo que começou a gritar com ela, mas ela, parecendo a mamãe, falou bem alto:

—Você vai ser doido de bater em uma menina?

Nessa hora a turma começou a vaiar o menino maior e ele foi embora, xingando todo mundo.

O menino menor abraçou a Ana e agradeceu bastante.

Chamei a Ana de maluca, mas ela me disse que tinha um segredo:

—Arthur, a mamãe me ensinou que sempre devemos fazer o que sabemos que é o certo, porque nessas horas Deus sempre ajuda a gente!

ORAÇÃO

Deus, encha-me de coragem para fazer sempre o que é certo e agradar ao Senhor!

ATIVIDADE

1) Você tem coragem de fazer o que é certo? Por quê?

2) A quem nós agradamos quando combatemos as coisas erradas deste mundo?

Bilhete para os pais

Dia 59

> Respeitem todas as pessoas,
> amem os seus irmãos na fé, temam a Deus...
> —1 Pedro 2:17

Hoje a professora de ciências chamou minha atenção três vezes por causa de conversa.

Depois da terceira bronca, ela pegou meu caderno e escreveu um bilhete para os meus pais assinarem.

Fiquei com raiva, mas depois fiquei triste e com vergonha.

A mamãe percebeu o meu jeito e quis saber o porquê. Eu contei a verdade e comecei a chorar.

Ao invés de brigar, a mamãe me abraçou!

—Ué, a senhora ainda gosta de mim?!

Ela sorriu e disse que todas as pessoas cometem erros. Até os adultos. Ela falou que muitas vezes merece ser castigada, mas Deus oferece amor e perdão. Ela me pediu para eu ser mais cuidadoso para não atrapalhar a professora, pois ela precisa do respeito e da atenção dos alunos todos os dias. Eu prometi que vou me comportar, mas o mais legal foi saber que a mamãe me ama até quando eu "piso na bola".

ORAÇÃO

Jesus, é tão bom saber que o Senhor nos ama e que sempre dá novas chances pra gente!

ATIVIDADE

1) Você já levou bilhete da professora para casa? Como seus pais reagiram?

2) Por que devemos perdoar e amar as pessoas que erram?

Dia 60

GPS de tartaruga

> O Senhor Deus [...] formou a terra e tudo o que nela existe e deu vida e fôlego a todos os seus moradores...
> —Isaías 42:5

Hoje fui com a escola conhecer o projeto TAMAR, que protege as tartarugas marinhas que estão em extinção e que sofrem muito por causa do lixo jogado nos rios e mares.

Lá havia algumas tartarugas gigantes e até um hospital que cuida das que estão feridas.

A guia do local explicou que as tartarugas vivem mais de 100 anos!

Ela também falou que as tartarugas nadam pelos oceanos e atravessam de um lado para o outro do mundo, mas, quando elas fazem 30 anos, precisam ter filhotes e aí conseguem voltar exatamente no mesmo lugar onde elas nasceram para botar os ovinhos. Elas têm um tipo de "GPS" no cérebro delas.

Eu fiquei tão feliz de aprender sobre as tartarugas, porque lembrei do quanto Deus é poderoso e fez todos os seres vivos da Terra muito especiais. Por isso, os animais são muito legais!

ORAÇÃO

Deus, eu admiro o Seu poder de criar tantas coisas perfeitas!

ATIVIDADE

1) Qual é o seu animal preferido?
2) Qual parte da natureza você acha mais incrível?

Não ria. Ajude!

Dia 61

> Sempre que puder, ajude os necessitados.
> —Provérbios 3:27

Na hora do recreio, um menino tropeçou e caiu. Aí a comida dele voou para todo lado. A calça dele rasgou e o joelho começou a sangrar.

Enquanto ele chorava de dor e vergonha, um monte de gente ria dele.

Eu também achei engraçado, mas aí lembrei que uma vez eu caí e foi muito triste ver todo mundo rindo de mim.

Eu ajudei o menino a levantar e uma professora trouxe remédio para limpar o machucado e fazer um curativo.

Eu dividi o meu lanche com ele, e esse menino ficou muito feliz. Disse que era a primeira semana dele na escola, pois era novo na cidade.

Fiquei feliz de ajudar em vez de ficar rindo. O menino se alegrou e não estava mais triste!

O papai diz que é sinal de sabedoria ajudar quem precisa, e que isso está escrito na Bíblia, lá no livro de Provérbios.

ORAÇÃO

Deus, obrigado por poder contar com a Sua ajuda; por isso devo ajudar as pessoas.

ATIVIDADE

1) Quem mais ajuda você nos momentos de dificuldade?

2) Você já ajudou alguém que precisava de ajuda? Como foi?

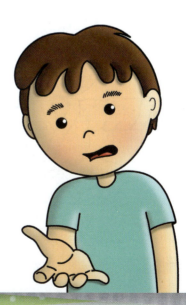

Dia 62

Poder verdadeiro

> Não por força nem por violência,
> mas pelo meu Espírito, diz o Senhor dos Exércitos.
> Zacarias 4:6 NVI

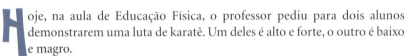

Hoje, na aula de Educação Física, o professor pediu para dois alunos demonstrarem uma luta de karatê. Um deles é alto e forte, o outro é baixo e magro.

Todo mundo achou que o maior ganharia a luta, mas o menino mais magro, com um golpe, derrubou o lutador maior.

O professor nos explicou que, apesar do aluno que perdeu ser bem maior, o que venceu a luta pratica o karatê há mais tempo e por isso venceu facilmente.

Já em casa, o papai disse que a prática aperfeiçoa a técnica quando levamos jeito para a coisa, mas que há certos problemas da vida em que a própria força ou habilidade não é suficiente se o Espírito de Deus não agir em nosso favor. É importante que os dois estejam juntos, assim, por causa de Cristo, o Espírito Santo habita em nós, nos tornando completos para agirmos com o poder dele em nós.

Que legal, né?

ORAÇÃO

Querido Deus, é muito legal ter a Sua presença na minha vida por meio do Seu Espírito.

ATIVIDADE

1) Por que devemos sempre nos lembrar de que o poder que está em nós vem de Deus?

2) O que é necessário para superar os desafios do dia a dia?

O fácil nem sempre é o certo

Dia 63

> A porta estreita e o caminho difícil levam para a vida, e poucas pessoas encontram esse caminho.
> —Mateus 7:14

Na hora do recreio, dois meninos disseram para mim e para o Sandro que vão acabar com a gente no futebol da escola. Eles nos chamaram de pernas de pau.

Ficamos com muita raiva deles.

Eu tive vontade de socá-los, só que a diretora sempre avisa que, se houver agressão na escola, estaremos encrencados.

O Sandro também queria bater neles, mas, como não podia, xingou os meninos de vários nomes feios. Confesso que achei bem feito!

Quando contei tudo ao papai, ele me disse que preciso aprender o que Jesus ensinou em Sua palavra.

Ele explicou que fazer o que dá vontade é como escolher o caminho mais fácil, mas que não é o certo. Devemos escolher o caminho certo, mesmo que seja o mais difícil.

Mesmo entendendo a nossa situação, a diretora mandou um bilhete para a mãe do Sandro. Fazer o quê? Ele não agiu certo!

ORAÇÃO

Deus, ajude-me a fazer a coisa certa até nas horas que dá muita vontade de fazer coisas erradas.

ATIVIDADE

1) Qual a provocação mais séria que você já recebeu?

2) Você costuma ficar quieto ou explodir quando alguém o provoca? Por quê?

Dia 64

Enjoei

> Agradeçam a Deus, o Senhor, anunciem a sua grandeza e contem às nações as coisas que ele fez.
> —Salmo 105:1

Este ano está muito demorado. As férias não chegam nunca! Hoje tive que ir para a escola de novo.

—Mãe, o que tem de lanche hoje?

—Sanduíche de presunto e suco de laranja.

—De novo?

—Mas você gosta!

—Já enjoei. E também não aguento mais usar esse tênis.

—Está apertado?! Compramos no meio do ano!

—Não é que esteja apertado, mas enjoei dele.

Eu estava reclamando de tudo e, de repente, a mamãe mandou eu olhar pela janela do carro. Tinha um menino da minha idade, de chinelo e puxando um desses carrinhos com lixo reciclável.

—Sabe, Arthur, às vezes ficamos irritados com algumas coisas e nos tornamos pessoas ingratas. Você deveria agradecer por estudar e ter lanche e tênis, mas está aborrecido porque o ano letivo ainda não acabou. Esse menino bem que gostaria de ter tudo o que você tem. Você deveria ser mais agradecido!

—Desculpa, mamãe, a senhora tem razão!

ORAÇÃO

Deus, por favor, me desculpe por não ser grato por tantas coisas boas que o Senhor me dá!

ATIVIDADE

1) Você gosta mais das suas coisas ou prefere as dos seus amigos? Por quê?

2) De que maneira você pode ser mais agradecido por tudo o que tem?

Sua presença

Dia 65

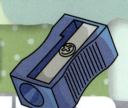

> E lembrem disto: eu estou com vocês todos os dias, até o fim dos tempos.
> —Mateus 28:20

Nosso professor de Educação Física nos mostrou hoje as fotos do pulo de paraquedas que ele fez. Ah, e mostrou o vídeo também. É muito radical!

A Alice perguntou se ele não teve medo. Ele disse que, como o instrutor que pulou junto com ele é muito experiente, ele se sentiu bastante seguro para saltar de paraquedas.

Eu contei para o papai que também quero pular de paraquedas, mas vou ter que esperar ficar mais velho. E como esses esportes radicais oferecem alguns riscos, só farei isso com alguém muito experiente para eu me sentir bem seguro!

O papai falou que eu tenho que me preocupar com a segurança de tudo, mas nunca devo esquecer que a minha proteção vem de Deus. Pois é o Senhor quem cuida de tudo na minha vida! Até nos passeios radicais que eu fizer.

Eu fiquei bem animado por saber que Deus sempre está comigo. Ele, sim, nunca falha!

ORAÇÃO

Querido Deus, obrigado por estar sempre comigo e guiar a minha vida em segurança!

ATIVIDADE

1) Quando você está sozinho em um lugar desconhecido, como se sente?

2) Em quem você confia nos momentos em que está com medo?

Dia 66

Haja paciência

> Quem se ira facilmente provoca brigas, mas quem tem paciência acalma a discussão. —Provérbios 15:18 NTV

O Sandro e o Ênio brigaram de novo. Então, fui falar com eles para ver se faziam as pazes.

Conversei primeiro com o Ênio e depois com o Sandro. Os dois acusaram um ao outro de serem mandões e de um ser mais meu amigo do que o outro.

Eu fiquei bravo, sabe? Eu já cansei e não vou mais tentar consertar isso!

Só que, quando eu contei a história toda para a mamãe, ela me disse que o problema dos meninos é que eles são muito parecidos um com o outro. E disse também que eu sou muito impaciente.

—Mas, mãe, é que eles brigam sempre!

—Mas são seus amigos, ué! Tem que ter paciência. Mostre para eles como são parecidos e ensine-os a se suportarem e a se amarem, porque Deus amou igualmente todas as pessoas, e Jesus se entregou na cruz por todos.

Amanhã vou falar com eles de novo. Tomara que eles não sejam muito cabeça-dura!

ORAÇÃO

Deus, descobri que as pessoas são parecidas no agir. Por favor, ajude a gente a ser mais paciente.

ATIVIDADE

1) Quem é a pessoa que mais irrita você? Por quê?

2) Escreva cinco atitudes suas que são muito parecidas com as de outras pessoas!

Nós e as ovelhas

Dia 67

> As minhas ovelhas escutam a minha voz; eu as conheço, e elas me seguem.
> —João 10:27

—Vovô, o senhor sabia que as ovelhas são meio burrinhas?

—Por que você está dizendo isso?

—Um veterinário foi na escola e falou que as ovelhas precisam do pastor porque não conseguem procurar pasto sozinhas. Assim, se elas não tiverem pasto para comer, comem terra. Aí o pastor precisa cuidar delas!

—Muito interessante, Arthur!

—Vovô, por que Jesus chama a gente de ovelhas? Ele nos acha burrinhos?

—Claro que não! Ele nos chama assim porque sabe que fazemos escolhas ruins e por isso precisamos de orientação para fazer o que é bom. Sabe, Arthur, antes da maldade entrar no mundo pela desobediência, o pensamento do homem era puro, mas, com o pecado, o homem passou a ter sentimentos maus e a fazer coisas ruins. É por isso que precisamos de Jesus como Pastor, pois só assim faremos o que é certo e bom.

—Entendi, vovô.

ORAÇÃO

Querido Jesus, obrigado por ser o Pastor que cuida da gente com muito amor.

ATIVIDADE

1) Você se considera uma ovelha que tem Jesus como Pastor? Por quê?

2) Que tal desenhar uma ovelha e ler o Salmo 23, que fala do nosso Pastor?

Dia 68

É preciso sabedoria para acertar

> Portanto, dá-me sabedoria para que eu possa [...] saber a diferença entre o bem e o mal.
> —1 Reis 3:9

A professora estava explicando por que existem as leis e começou a contar uma história verdadeira para nós. Ela disse que um homem acusou uma mulher de estar com o cachorro dele, mas a mulher disse que era mentira do homem, pois tinha comprado o cachorro em uma loja muito longe dali.

O juiz que estava cuidando do caso teve uma ótima ideia. Ele pediu para soltarem o cachorrinho dentro da sala do tribunal!

O policial achou esquisito, mas, como é obrigado a obedecer o juiz, soltou o cãozinho.

Quando o cachorrinho foi solto, correu direto para o colo do homem e assim o juiz soube quem era o verdadeiro dono do cãozinho!

A mamãe disse que lá na Bíblia também tem uma história do rei Salomão, que devolveu um bebezinho para a mãe certa. Mas que ele só acertou na escolha porque pediu para Deus dar sabedoria a ele. E Deus lhe deu bastante sabedoria!

ORAÇÃO

Querido Deus, peço ao Senhor que me encha de sabedoria e que me ajude a ser justo e bom.

ATIVIDADE

1) Você já sofreu algum tipo de injustiça? (Pergunte aos seus pais o que é injustiça).

2) Você já foi injusto com alguém? Com quem? (Pergunte aos seus pais o que significa ser injusto).

Doença contagiosa

Dia 69

> Jesus ficou com muita pena dele, tocou nele e disse:
> — Sim! Eu quero. Você está curado.
> —Marcos 1:41

O Ronaldo ficou uma semana sem ir na escola porque estava com conjuntivite. Quando ele voltou, todos os alunos se afastaram dele. Quando ele sentou em uma carteira, vários alunos saíram de perto.

Ele ficou bem triste!

Lembrei que a mamãe tinha me dito que a conjuntivite, uma doença que dá no olho, só tem risco de passar para outra pessoa nos primeiros dias e que, quando o Ronaldo voltasse, já não teria mais chance dessa doença ser transmitida para os outros.

Então me levantei, fui até lá e abracei o Ronaldo.

Ele começou a chorar.

A professora chegou bem nessa hora, e ele contou que eu fui o único que tive coragem de abraçá-lo.

Aí, ela chamou a atenção geral da turma por terem tratado o Ronaldo daquele jeito. Nessa hora, eu lembrei de que Jesus jamais se afastou de alguém doente, nem mesmo de leprosos.

ORAÇÃO

Jesus, me ensine a não desprezar as pessoas e abraçá-las sempre que for necessário.

ATIVIDADE

1) Em que momento você sente dificuldade de abraçar alguém?

2) Quem você gostaria de abraçar hoje? Por quê?

Dia 70

Amor incondicional

> ...Deus disse: "Eu nunca os deixarei e jamais os abandonarei".
> —Hebreus 13:5

A professora Vanessa pediu para escrever uma redação sobre o amor de mãe e aproveitou para contar a história dela.

Quando ela era criança, os pais se separaram e brigaram para ver quem cuidaria dela e aí ela teve que ficar num orfanato por um tempo.

A mãe só a visitava uma vez por mês. Por causa disso ela ficou muito triste e se sentiu abandonada.

Finalmente, um dia, ela voltou a morar com a mãe. Quando cresceu, ela soube que as visitas no orfanato eram proibidas, por isso a mãe só podia vê-la uma vez por mês, mas que todos os dias a mãe ia até o portão e ficava lá por horas até ver a filha brincando no pátio.

Foi assim que a professora entendeu que mãe dela a amava muito.

A minha mãe me explicou que às vezes não compreendemos certas atitudes do papai e da mamãe, mas isso não muda o grande amor que os pais têm pelos filhos. E com Deus é a mesma coisa!

ORAÇÃO

Deus, me ajude a confiar sempre no Seu amor, mesmo se eu me sentir sozinho!

ATIVIDADE

1) Você já duvidou do amor dos seus pais? Por quê?

2) Por que é importante acreditar que, por nos amar, Deus nunca nos abandonará?

Dia 71

Voz dentro da gente

> Mas o Auxiliador, o Espírito Santo (...) fará com que lembrem de tudo o que eu disse a vocês.
> —João 14:26

O Ênio e o Sandro estão bravos com o Ronaldo e querem a minha ajuda para "trolar" ele. No começo, eu até pensei em ajudá-los, mas parece que tinha uma voz falando dentro de mim para não fazer isso, porque é maldade... aí desisti.

Quando cheguei em casa, contei para o papai:

—Pai, o senhor já ouviu vozes dentro de você?

—Como assim?

—Sabe, o Ênio e o Sandro queriam minha ajuda para "trolar" o Ronaldo. Eu pensei em ajudar, mas aí ouvi uma voz dentro de mim falando que é maldade.

—Ah, foi o seu Amigo.

—Que amigo?

—O Espírito Santo! Jesus precisou voltar para o Céu, mas sabia que esqueceríamos as coisas. Aí Ele mandou o Espírito Santo vir aqui para ajudar a gente a lembrar. Mas o Espírito Santo não fica do nosso lado, Ele mora dentro da gente. Por isso você ouviu essa voz dentro de você!

—Que máximo, papai!

ORAÇÃO

Jesus, obrigado por enviar o Espírito Santo para me ajudar a evitar de fazer o mal.

ATIVIDADE

1) Os seus amigos já o convidaram para fazer alguma maldade com alguém? O que você fez?

2) Já ouviu a voz do Espírito Santo dentro de você? Como foi?

Dia 72

Fora da bagunça

...seja um exemplo na maneira de falar, na maneira de agir, no amor, na fé e na pureza.
—1Timóteo 4:12

Hoje a professora saiu da sala para resolver alguma coisa e mandou a gente estudar o livro, mas o pessoal começou a fazer bagunça.

Só que a professora voltou rápido e viu a bagunça toda. Ela deu a maior bronca na turma:

—Pessoal, vocês não respeitam a escola e nem os professores? Onde já se viu fazer tanta bagunça em tão pouco tempo? Por que vocês não seguem o exemplo do Arthur?

Todo mundo me olhou.

O Sandro levantou a mão:

—Ô, professora, como a senhora sabe que o Arthur não estava na bagunça?!

—Porque eu observo o comportamento de todos e sei que ele acredita em Deus e faz de tudo para ser um menino obediente.

Ufa! Ainda bem que eu não estava na bagunça.

Quando contei isso para a mamãe, ela me deu um monte de beijo e disse que ficou feliz de saber que eu dou bom testemunho do amor de Deus na escola.

ORAÇÃO

Jesus, fico feliz por saber que posso demonstrar o Seu amor através do meu exemplo.

ATIVIDADE

1) Você costuma "ir na onda" da turma ou age diferente deles? Por quê?

2) De que maneiras pode demonstrar aos seus amigos que você ama a Jesus?

Futuro de paz?

Dia 73

> ...a terra ficará cheia
> do conhecimento da glória do Senhor...
> —Isaías 11:9

Cheguei da escola contando da briga para mamãe:
— Mãe, sabe aquele brigão da escola que implica comigo?
— Quem, filho?
— Ah, o Júlio. Ele e os amigos queriam brigar com o Yuri dessa vez!
— Mas por quê?
— Ah, só porque ele tirou notas boas e passou de ano sem precisar de recuperação. Eles ficaram xingando na saída da escola, e se o pai do Yuri não tivesse chegado rápido, sei lá o que eles teriam feito. O Júlio pega no pé da gente desde o começo do ano, mãe. Será que ele nunca vai deixar os outros em paz?
— É, querido, as pessoas brigam por motivos egoístas, e paz de verdade só temos em Jesus. Ele prometeu que um dia trará paz para o mundo inteiro e acabará de vez com todas as brigas, guerras e com o pecado!
— Que alívio saber que ainda tem esperança para o mundo, espero que o Júlio também encontre essa paz de Jesus.
— Temos que orar por ele.

ORAÇÃO

Querido Deus, eu confio na Sua justiça e tenho esperança num tempo de paz entre as pessoas.

ATIVIDADE

1) Por que temos a certeza de que haverá um futuro de paz?

2) Em quem devemos colocar nossa esperança?

Dia 74

O bilhete da professora

> Feliz aquele cujas maldades Deus perdoa
> e cujos pecados ele apaga!
> —Romanos 4:7

A professora pediu ao Ronaldo para ficar quieto e não atrapalhar a aula. Ele ficou com raiva e gritou:

—Eu só estava avisando o Ênio que a borracha dele estava no chão!

A professora mandou ele entregar o caderno para ela.

Ele começou a chorar!

Ela pegou o caderno e escreveu um bilhete para a mãe do Ronaldo.

Quando a professora olhou para o Ronaldo, ficou com dó dele.

Ela arrancou a folha do bilhete do caderno, jogou no lixo e disse:

—Esqueçamos o bilhete, mas, por favor, não faça mais isso!

—Sério, professora? — O Ronaldo começou a chorar mais ainda, a professora deu um abraço nele e ele ficou aliviado.

Quando contei isso para a mamãe, ela me disse que a misericórdia é uma grande bênção e que, quando nos arrependemos, Deus também faz isso com a gente; Ele perdoa e esquece as coisas erradas que a gente faz.

ORAÇÃO

Deus, obrigado por me perdoar pelas coisas erradas que eu faço.

ATIVIDADE

1) Qual a coisa mais séria que alguém já fez contra você? Você já perdoou?

2) Você já foi perdoado por alguém? O que fez contra essa pessoa?

Em clima de Natal de verdade

Dia 75

> Jesus respondeu: — Eu afirmo a vocês que, se eles se calarem, as pedras gritarão!
> —Lucas 19:40

Ouvi uma voz cantarolando: "Tudo é paz, tudo amor! Dormem todos em redor; Em Belém Jesus nasceu". Quando cheguei perto, percebi que era o inspetor do colégio cantando. Mas sabe o que é engraçado?

Há um tempo ele me disse que não conhecia Jesus e não entendia por que eu falava tanto dele.

Contei essa história ao papai e ele me explicou que a mensagem de esperança do nascimento de Jesus precisa ser divulgada para todas as pessoas, mas muitos dos que o aceitaram ficam tão ocupados com as atividades do dia a dia, que esquecem de falar disso. Então, Ele permite que situações como essa aconteçam e, mesmo sem querer, algumas pessoas e situações acabam revelando essa que é a verdadeira história do Natal.

O papai disse que, se for preciso, até aqueles que não aceitaram Jesus vão falar do Seu amor para as pessoas.

ORAÇÃO

Senhor, estou pronto para falar do Seu amor para todas as pessoas, mesmo quando não for Natal.

ATIVIDADE

1) Por que algumas pessoas esquecem de falar do real motivo do Natal para os outros?

2) Por que Deus usa até pessoas que não o conhecem para falar do Seu amor?

Dia 76

Explicando o Natal

> Hoje mesmo, na cidade de Davi, nasceu o Salvador de vocês — o Messias, o Senhor!
> —Lucas 2:11

Daqui a três dias teremos o último dia de aula para quem passou de ano direto! Então a professora perguntou:

—Alguém aqui sabe me explicar o que é o Natal?

A Alice falou de um tal de *Santa Claus*, um homem bom que ajudava pessoas e que originou o Papai Noel. A professora a parabenizou:

—Parabéns, Alice!

Aí eu não aguentei:

—Ei, professora, essa explicação está errada. O Natal existe por causa de Jesus!

—E quem é Jesus, Arthur?

—Sabe, professora, nós comemoramos o Natal por causa do nascimento do Salvador Jesus, que é o filho de Deus. Ele é o presente de Deus *pra* gente.

A professora também me parabenizou e disse que tem o feriado religioso, que é como eu falei, e tem o "imaginário popular", que é o "cultural".

—Eu não sei se é cultural, professora, mas sei que Jesus é, de verdade, o filho de Deus e a razão do Natal!

ORAÇÃO

Deus, muito obrigado por mandar Seu filho Jesus para ser meu Salvador!

ATIVIDADE

1) O que é o Natal para você?

2) Do que você mais gosta no Natal? Por quê?

Aprendendo sobre solidariedade

Dia 77

> Se uma parte do corpo sofre, todas as outras sofrem com ela. Se uma é elogiada, todas as outras se alegram com ela.
> —1 Coríntios 12:26

Hoje, na aula de Educação Física, o Alex torceu o pé.

Alguns meninos ficaram bravos porque o jogo parou, mas o Alex precisava da nossa ajuda. Fizemos compressa no pé dele, até sua mãe chegar.

Quando voltamos a jogar, o Eduardo, um dos meninos que ficou bravo, também caiu e ralou a perna. Pelo visto, doeu muito, porque ele gritava enquanto o professor limpava o machucado.

Depois da aula, o Eduardo pediu desculpas a todos. Ele disse que, só quando se machucou, percebeu o quanto o Alex sofreu, e que a ajuda dos amigos é muito importante nessas horas.

Nesse momento lembrei da explicação que o papai me deu sobre o pastor chamar todas as pessoas da igreja de corpo quando estamos juntos lá. Ele explicou que é porque todos sentem as dificuldades uns dos outros e se ajudam. O papai disse que isso é solidariedade.

ORAÇÃO

Senhor Jesus, ajude-me a sempre me importar com os problemas dos meus amigos.

ATIVIDADE

1) Você se importa com a necessidade das pessoas a sua volta? Por quê?

2) Conte sobre como você já ajudou alguém.

Dia 78

Mensagem de amigo

> Queridos amigos, amemos uns aos outros porque o amor vem de Deus. Quem ama é filho de Deus e conhece a Deus. —1 João 4:7

Este já é o penúltimo de aula e eu queria mandar uma mensagem de texto para o grupo da turma da escola.

Pedi ao papai que me ajudasse a escolher uma mensagem bíblica e ele me fez uma pergunta:

— O que você deseja aos seus colegas?

— Que eles sejam felizes, que todos passem de ano, que suas famílias sejam abençoadas e que ganhem presentes de Natal bem legais.

— Que bom, filho! Você pode então dizer com sinceridade um versículo do evangelho de João: "Queridos amigos, amemos uns aos outros porque o amor vem de Deus. Quem ama é filho de Deus e conhece a Deus."

E sabe por que você pode dizer isso?

— Por quê?

— Porque seu amor por seus amigos não é interesseiro. Você não gosta só dos amigos inteligentes ou bons de bola. Você gosta de todos, sem separação e sem pensar no que eles podem oferecer. Esse amor sem interesse é verdadeiro como o amor de Deus.

ORAÇÃO

Querido Deus, quero amar meus amigos sem ser interesseiro.

ATIVIDADE

1) Pense nos seus melhores amigos e diga por que eles são importantes para você.

2) Quem nos ensina a amar as pessoas, sem interesse?

Chave perdida

Dia 79

> Ele o guardará quando você for e quando voltar, agora e sempre.
> —Salmo 121:8

Quando o sinal tocou hoje, nós pulamos de alegria. Segunda-feira finalmente começariam as férias!

Ana e eu fomos para a saída da escola, mas a mamãe não estava lá. A diretora ligou para casa, e mamãe disse que tinha perdido a chave e não conseguia sair para nos buscar.

Então combinamos de ir a pé.

A escola não é tão perto de casa. Levamos quase 20 minutos para chegar. Quando nos viu chegando, a mamãe suspirou de alívio e agradeceu a Deus.

Ela trouxe uma cadeira e nós pulamos o portão.

Só mais tarde descobrimos que o papai tinha pegado a chave da mamãe por engano.

Ainda bem que a mamãe já estava mais calma. Ela disse que ficou com medo que algo acontecesse com a gente, mas aí ela lembrou que é Deus quem cuida da nossa família e ficou mais tranquila. Por isso, orou bastante e confiou que Deus nos protegeria até chegarmos.

ORAÇÃO

Deus amado, confiamos que é o Senhor quem protege toda a nossa família. Amém!

ATIVIDADE

1) Seus pais se preocupam como os do Arthur? O que geralmente eles fazem que demonstra isso?

2) A quem devemos confiar a segurança da nossa família?

Dia 80

O mais mais

> Se existe motivo para eu me gabar, então vou me gabar das coisas que mostram a minha fraqueza.
> —2 Coríntios 11:30

De boa em casa, curtindo as férias, eu e Ana conversamos sobre quem é o mais inteligente e popular. Ela se gabou de ser a melhor aluna da sua sala no segundo semestre.

Acontece que fui eleito o menino mais legal da sala por todos os colegas!

Ela se dá bem com as meninas da sala, mas eu não tirei nenhuma nota vermelha.

Ficamos num impasse!

Chamamos mamãe para decidir. Quando explicamos a situação, ela disse:

— Filhos, não existe importância em "se achar" superior a alguém. Não existe vantagem em ser o mais inteligente e popular, se você só usa isso para se sentir melhor que outras pessoas. A busca por melhorar deve ter o único objetivo de fazer de vocês pessoas melhores. O apóstolo Paulo deu o exemplo quando afirmou que só se gabava das suas fraquezas, porque, lá no fundo, todos nós precisamos melhorar em alguma coisa.

ORAÇÃO

Senhor, quero ser melhor para agradar o Seu coração e não para ser superior aos outros!

ATIVIDADE

1) Você se considera melhor do que outras pessoas?

2) Por quais motivos devemos sempre querer melhorar?

Oração

Importante!

Você gostaria de convidar Jesus para morar em seu coração? Se você quiser, pode pedir agora mesmo e é muito fácil. Faça a oração abaixo:

Deus,

Neste momento eu acabo de compreender
que preciso de Jesus.
Por favor, perdoe os pecados que eu já cometi.
Obrigado por Jesus ter vindo e morrido no meu lugar
para pagar o preço que eu não podia.
Obrigado pela nova vida que eu posso ter por causa de Jesus.
Envie o Espírito Santo para morar em mim.
Venha tomar conta do meu coração e ser o meu Dono.
Ajude-me a ser o Seu melhor amigo
e me ensine a viver do jeitinho que o Senhor planejou pra mim.
Em nome de Jesus, amém.

Você fez essa oração?
Seja bem-vindo à família de Deus! Procure uma igreja onde Jesus é adorado e onde a Bíblia é ensinada. Com certeza você vai achar uma perto da sua casa. E ore sempre, conversando com Deus em todos os momentos.
Ele é o seu Amigão, não esqueça!

Atividade 01

Não repita o personagem

Que tal colocar os nomes dos 6 personagens no diagrama abaixo? Mas tome cuidado: eles não podem se repetir nas linhas nem nas colunas: abaixo:

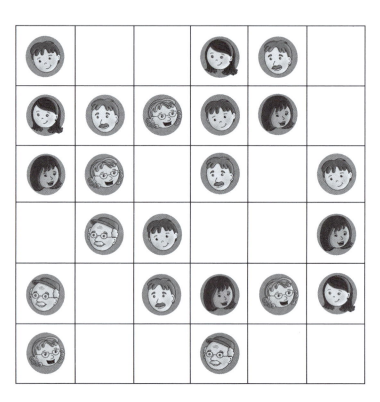

1- Vovô   2- Vovó   3- Ana   4- Mamãe   5- Arthur   6- Papai

Encontre os erros

Atividade 02

A atividade a seguir apresenta dois desafios:
Colorir a imagem superior e
encontrar sete erros na figura inferior.

Atividade 03

Labirinto

Arthur está tossindo e espirrando muito, mas não consegue encontrar o seu xarope. Vamos ajudá-lo a chegar lá?

Vamos colorir?

Atividade 04

...Deus ... já havia resolvido que nos tornaria seus filhos, por meio de Jesus Cristo...
—Efésios 1:4,5

Atividade 05

Caminho das operações

Ajude o cachorro a chegar até a bola, passando somente pelo trecho do caminho cujo resultado é 6.

8-2	2+4	3x2	10-5	1+7	3÷1
2+3	7x1	1+5	5+2	4÷2	10+4
8÷2	10-4	12÷2	3x3	11-8	2x5
1x5	5+1	2+3	12-5	2x4	6+3
14÷2	2x3	6x1	24÷4	3+3	4x2
5+4	13-8	4x3	11-4	18÷3	8+1
18÷2	4x4	2+8	5÷1	7-1	30÷5
1+9	12-2	5x2	7+1	2x4	9-3

Vamos colorir?

Atividade 06

O Senhor já ... disse o que exige de nós.
O que ele quer é que façamos o que é direito...
—Miqueias 6:8

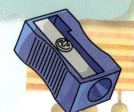

Atividade 07

Caça-palavras

Encontre no diagrama abaixo os nomes de algumas cidades do Brasil.
Atenção: Os nomes compostos estão juntos no diagrama.
Ex.: PORTOALEGRE

BELO HORIZONTE
BRASÍLIA
CUIABÁ
CURITIBA
FORTALEZA
MANAUS
NATAL
PORTO ALEGRE
RECIFE
RIO DE JANEIRO
SALVADOR
SÃO PAULO

```
I B C R U P O R T O A L E G R E L K Ã J
L Â U A E T J A I L Í S A R B A R Ú L Õ
L Ç I Ã Ú L L Ü A E T Ó L J T N É H D B
Ó S A A R B Õ Z À K R R Â A Í G I Ô E O
I Ò B Ç Ê B E F Ã N N Ã N Ç A A Ô L Ã M
R À Á X À L A S Ã O P A U L O G O Ç Í G
D N S A A N O Õ F S A A Í P Ã H À L N R
Í B O T U E Ê Ã C B H Í Ã Z O G Í R B E
U N R Õ I M E Â J I Z J À A R À À T V J C
O O I Z J Y Ç T V T A Ú I Ô P É F Q L I
F O E Ò É V I J É Ú O Z S Ã À Á Í Z X F
H D N L Q R A T Ò W O X E Ç L X A J Ò E
T E A D U Ú A Q Z N R O D A V L A S À V
L Ò J C M Â Á É T V N Ò P H L Ç P Á Ú Ç
X S E À H A T E T J N Â R C T Q Ê Q H P
B Ú D É C Ò N Õ N I D Ê N Ú Ê B O X Z J
D F O U W S J A T N R Í A W P Á Ú Ú Ô Ó
G R I Ô O H J F U O Í G Ó Á Ê V Q Q N F
O S R À Q Ò Ç Z R S V Y Ú D W H Ú J Í N
A K F Ô D Z F A P Ã S Õ D F K Q Q Á G F
```

Vamos colorir?

Atividade 08

Deem graças ao mais poderoso de todos os senhores; o Seu amor dura para sempre.
—Salmo 136:3

Atividade 09

Pinte os pontos

Descubra o que está faltando na mochila de Arthur antes dele ir para o treino de futebol. Para isso, pinte somente os espaços que contêm pontos.

Atividade 11

Palavras embaralhadas

Arthur precisa testar seus conhecimentos em futebol para conseguir uma boa nota em Educação Física. Você consegue ajudá-lo a desembaralhar as respostas?

O que acontece quando uma partida decisiva termina em empate e é necessário haver um vencedor?
PAROÇOÃGROR

Que jogador tem função ofensiva, com o objetivo de fazer gols ou dar assistência para seus companheiros?
CTAENATA

Quem é o jogador que se coloca dentro da área, sendo responsável pelas finalizações e geralmente jogando entre os zagueiros?
ENCANARVETOT

Qual é o outro nome que se dá ao árbitro-assistente?
NANARBIDIEH

Como se chamam os vários toques curtos na bola, sem deixar que ela caia no chão?
SENHAMAXABIDI

Qual é o estádio brasileiro que recebeu o seu nome popular devido a uma ave com barulho semelhante ao chocalho?
ANCARÃMA

Vamos colorir?

Atividade 12

Quem anda com os sábios será sábio,
mas quem anda com os tolos acabará mal.
—Provérbios 13:20

Atividade 13

Encontre os países

Encontre no diagrama abaixo os nomes dos países que estão na lista:

BRASIL
FRANÇA
SUÉCIA
ESPANHA
ITÁLIA
URUGUAI
HOLANDA
INGLATERRA
ALEMANHA
ARGENTINA

Ó	L	Â	Í	Ó	Ú	G	Ü	W	Á	É	F	À	I	Ü	Z	D	P	Ã	Ã
Ê	Õ	P	Á	E	X	T	S	B	E	H	O	L	A	N	D	A	H	R	A
D	B	C	O	S	B	C	Ó	Ç	P	R	J	N	Z	E	J	L	Ú	L	Ç
N	Ü	É	W	P	L	T	D	J	D	Á	Á	Ò	X	X	K	X	W	O	N
O	Ê	V	G	A	N	Ã	Â	X	Ô	T	L	Ô	X	D	A	Ú	U	F	A
D	Ò	D	G	N	I	M	Ú	E	S	G	D	X	Á	A	Í	H	Ê	Z	R
I	Ç	Ê	J	H	Ò	É	Ê	L	Ú	L	D	Ô	Ã	Ê	Q	Á	U	U	F
P	Ú	A	Â	A	D	Í	U	R	U	G	U	A	I	Ê	R	A	É	E	Í
Q	A	I	L	Á	T	I	Z	Â	Q	É	Z	G	P	G	R	A	U	Ô	J
P	V	Ú	O	V	Á	N	X	R	Í	T	T	C	A	G	O	Q	Â	Ú	Í
À	I	N	Ã	Á	R	N	T	Ü	X	R	O	Ü	E	Ê	F	Ç	C	I	Ã
G	J	C	Ó	Q	V	T	J	I	H	A	P	N	U	F	U	L	F	P	F
Q	A	L	Ò	Ò	Ú	X	A	R	R	E	T	A	L	G	N	I	Z	Ô	Á
G	X	B	Â	T	Ô	Á	H	B	J	I	D	X	Ç	Ú	C	Ç	A	S	Z
Ê	Â	G	B	J	Ã	V	R	M	N	L	Ó	Ó	F	Á	É	V	U	H	S
N	Í	I	B	I	N	Ô	A	L	A	E	C	Ò	M	O	X	Ò	É	Ç	É
R	N	F	B	Y	S	G	Í	I	F	E	Í	Ã	Q	G	C	Q	N	Ê	C
Ò	H	G	F	I	Ó	Ã	Z	Í	Ò	U	Á	S	L	I	Ã	Ü	Ç	Q	Ó
É	H	L	L	Ç	M	P	R	À	A	L	E	M	A	N	H	A	L	Ô	Z
U	Ç	X	U	Z	N	W	É	P	É	E	G	Â	D	B	Ô	Z	R	Ã	O

Vamos colorir?

Atividade 14

...Quem está unido com Cristo é uma nova pessoa; acabou-se o que era velho...
—2 Coríntios 5:17

Atividade 15

Complete a frase

Preencha as lacunas de acordo com as coordenadas da tabela. Assim será possível completar a frase abaixo, que está em 1 Coríntios:

	A	B	C	D
1	A	E	I	O
2	U	Í	L	R
3	S	T	C	X
4	D	E	M	P

A1	B3	C2	B1	B3	A1

B4	D3	B1	D2	C3	B2	C3	C1	D1	A3

C3	D1	D2	D1	A1

A4	A2	D2	A1

A3	B1	C4	D4	D2	B4

"Todo _____ que está treinando aguenta _____ duros porque quer receber uma _____ de folhas de louro, uma coroa que, aliás, não _____ muito. Mas nós queremos receber uma coroa que dura para _____." —I Coríntios 9:25

Vamos colorir?

Atividade 16

...a vida é sempre agradável para as pessoas que têm coração alegre.
—Provérbios 15:15

Atividade 17

Ache os 2 livros iguais

Existem apenas 2 livros iguais. Descubra quais são eles, observando atentamente os detalhes de cada um deles.

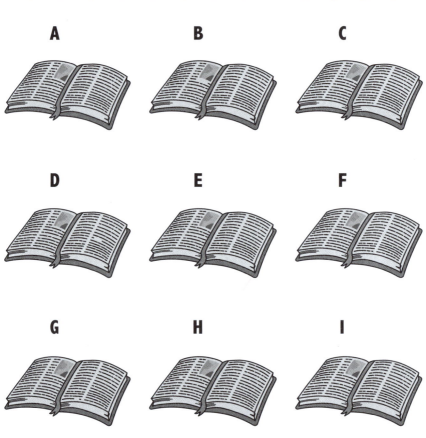

A   B   C

D   E   F

G   H   I

"Mas tu, ó Senhor Deus, és Rei para sempre; todas as gerações futuras lembrarão de ti." —Salmo 102:12

Vamos colorir?

Atividade 18

Quem ama é paciente e bondoso.
—1 Coríntios 13:4

Atividade 19

Campeonato de gols

A turminha aproveitou um belo dia de sol para jogar futebol no campinho, anotando a quantidade de gols que cada um fez. Coloque os nomes dos colocados na ordem, de acordo com as dicas abaixo:

1º lugar: _____

2º lugar: _____

3º lugar: _____

4º lugar: _____

5º lugar: _____

Arthur não ficou em primeiro lugar;

Sandro não fez menos gols;

Arthur fez mais gols que Sandro;

Ênio fez mais gols que Lucas;

Antônio fez menos gols que Arthur e mais gols que Sandro.

"Ó Deus, cada geração anunciará à seguinte as coisas que tens feito, e todos louvarão os teus atos poderosos." —Salmo 145:4

Vamos colorir?

Atividade 20

...o Senhor nos abençoou ricamente, ele mostrou grande bondade para com o seu povo por causa da sua compaixão e do seu grande amor. —Isaías 63:7

Atividade 21

Cruzadas de biscoitos

Preencha as cruzadas de acordo com o resultado das operações apresentadas nas tigelas de biscoitos:

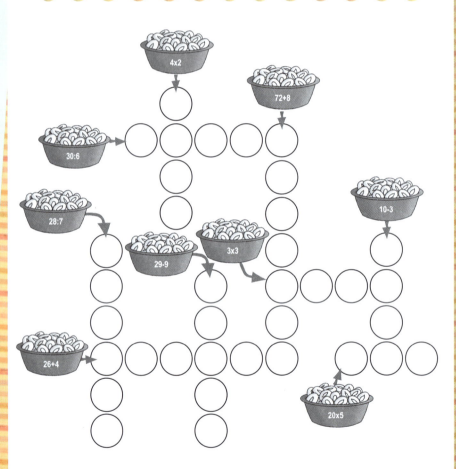

Vamos colorir?

Atividade 22

Ensina-nos a contar os nossos dias, para que alcancemos coração sábio.
—Salmo 90:12

Atividade 23

O trio campeão

Leia a historinha abaixo com bastante atenção e teste seu pensamento lógico.

Arthur, Ênio e Sandro resolveram jogar futebol contra seus vizinhos e venceram. Um jogou no ataque, outro no gol e o outro na defesa. Eles jogaram com tênis de cores diferentes: vermelho, amarelo e azul. Leia as 4 pistas e descubra a posição em que cada um jogou e as cores dos seus calçados:

1) Ênio não jogou no ataque.
2) Sandro jogou no gol.
3) Quem jogou no ataque usou tênis vermelho.
4) Sandro não jogou de tênis azul.

NOME	POSIÇÃO	COR DO TÊNIS

Vamos colorir?

Atividade 24

...chamo vocês de amigos, pois tenho dito a vocês tudo o que ouvi do meu Pai.
—João 15:15

Atividade 25

Soletrando

Observe as palavras abaixo, você as conhece? Consegue lê-las? Provavelmente não, mas fique tranquilo, pois com um pouco de paciência você conseguirá.

Basta colocar as letras embaralhadas de cada palavra na ordem certa e você as tornará compreensíveis.

EIAALHIDDB

RESARRTUA

OEMEPRCSÃON

IPCLIIDSNA

HOGLROOUS

EZEALB

PNIACAIÊC

SAPEUSIQ

EAOTHDAC

ELADAEIRD

Vamos colorir?

Atividade 26

Procurem viver em paz, tratem dos seus próprios assuntos e vivam do seu próprio trabalho...
—I Tessalonicenses 4:11

Atividade 27

Alimentos bíblicos

Observe os alimentos que estão em destaque nas frases abaixo e tente encaixá-los no diagrama das cruzadinhas:

Noé foi a primeira pessoa a plantar **UVAS**. (Gênesis 9)
Esaú pagou bem caro para comer as **LENTILHAS** preparadas por seu irmão. (Gênesis 25)
Deus mandou uma chuva de pedra tão forte sobre o Egito que destruiu a **CEVADA** na plantação. (Êxodo 9)
O povo de Israel reclamou que estava com saudade de comer **PEIXE** no Egito. (Números 11)
O povo de Israel também se queixou porque no deserto onde eles estavam não havia **FIGOS**. (Números 20)
Davi recebeu ordens do pai de levar **PÃES** aos seus irmãos em meio a uma guerra. (1 Samuel 17)
Davi ficou tão feliz ao mudar a arca da aliança de lugar que distribuiu **CARNE** ao povo. (1 Crônicas 16)
Habacuque disse que, mesmo sem **AZEITONAS** nas oliveiras, ele se alegrava no Senhor. (Habacuque 3)
No livro de Cantares uma mulher pede para lhe trazerem **PASSAS** e **MAÇÃS**. (Cântico dos Cânticos 2)
Daniel pediu ao guarda que cuidava dele na prisão para comer apenas **LEGUMES**. (Daniel 1)
Depois que o rei Saul morreu, enterraram seus ossos debaixo de uma árvore de **TÂMARAS**. (1 Samuel 31)

Vamos colorir?

Atividade 28

O S<small>ENHOR</small> responde: "Será que uma mãe pode esquecer o seu bebê? Será que pode deixar de amar o seu próprio filho? Mesmo que isso acontecesse, eu nunca esqueceria vocês.
—Isaías 49:15

Atividade 29

Encontre os erros

A atividade a seguir apresenta dois desafios:
Colorir a imagem superior e
encontrar 15 erros na figura inferior.

Vamos colorir?

Atividade 30

Hoje mesmo, na cidade de Davi, nasceu o Salvador de vocês — o Messias, o Senhor!
—Lucas 2:11

Atividades

Respostas

Confira aqui as respostas e veja se acertou!

ATIVIDADE 01 - Não repita os personagens

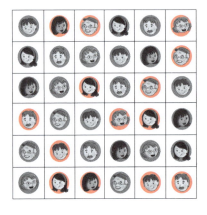

ATIVIDADE 02 - Encontre os erros

ATIVIDADE 03 - Labirinto

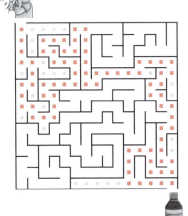

ATIVIDADE 05 - Caminho das operações

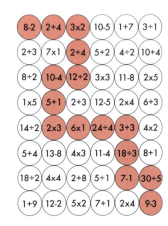

Respostas

Atividades

Confira aqui as respostas e veja se acertou!

ATIVIDADE 07 - Caça-palavras

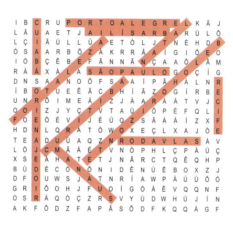

ATIVIDADE 11
Palavras embaralhadas

PRORROGAÇÃO
ATACANTE
CENTROAVANTE
BANDEIRINHA
EMBAIXADINHAS
MARACANÃ

ATIVIDADE 13
Encontre os países

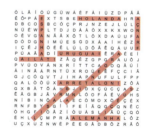

ATIVIDADE 15
Complete a frase

ATLETA - EXERCÍCIOS - COROA - DURA - SEMPRE

Atividades

Respostas

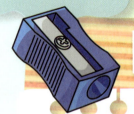

Confira aqui as respostas e veja se acertou!

ATIVIDADE 17
Ache os 2 livros iguais

A e F.

ATIVIDADE 19
Campeonato de gols

Do 1.º ao 5.º lugar: Ênio, Arthur, Antônio, Sandro e Lucas.

ATIVIDADE 21 - Cruzadas de biscoitos

```
          O
    C I N C O
    T       I
    O       T
            E
  Q     V   N   S
  U     I   O V E
  A     I   T   T
  T R I N T A   C E M
  R     T
  O     E
```

ATIVIDADE 23 - O trio campeão

Arthur - ataque - vermelho
Ênio - defesa - azul
Sandro - gol - amarelo

Respostas

Atividades

Confira aqui as respostas e veja se acertou!

ATIVIDADE 25
Soletrando

HABILIDADE
RESTAURAR
COMPREENSÃO
DISCIPLINA
ORGULHOSO
BELEZA
PACIÊNCIA
PESQUISA
CHATEADO
REALIDADE

ATIVIDADE 27
Alimentos bíblicos

ATIVIDADE 29 - Encontre os erros

Qual é o papo?

Índice Temático

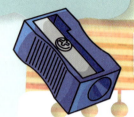

Ache aqui os assuntos mais relevantes das meditações do livro e vá direto ao ponto!

Acidente	Dia 13, 19, 29, 50
Ajuda de Deus	Dia 20, 44
Aluno novo	Dia 26, 61
Amizade	Dia 35, 36, 66, 78
Amizade com Jesus	Dia 8, 15
Amor de Deus	Dia 22, 24, 46
Arrependimento	Dia 56
Bagunça	Dia 57
Beleza verdadeira	Dia 19
Bíblia	Dia 18, 49
Boletim	Dia 22
Briga, discussão	Dia 8, 58, 66, 73
Bullying	Dia 11, 15, 26, 71
Cola	Dia 8
Comportamento	Dia 16, 26, 59, 72, 74
Confiança em Deus	Dia 30, 33
Confraternização	Dia 6
Coragem	Dia 4
Criação de Deus	Dia 60
Cuidado de Deus	Dia 1, 29, 67, 79
Culpa	Dia 55
Cura	Dia 6
Dedicação	Dia 49
Dependência de Deus	Dia 28
Desobediência	Dia 4
Desonestidade	Dia 14
Dificuldades	Dia 40
Dinheiro	Dia 7
Discrição	Dia 10
Egoísmo	Dia 55, 57
Empatia	Dia 27, 42, 61, 69, 77
Encorajamento	Dia 34, 45
Escravidão	Dia 9, 39
Espírito Santo	Dia 18, 20, 46, 50, 62, 71
Eternidade	Dia 47
Exclusão	Dia 35, 54
Família	Dia 51, 59, 70

Índice Temático

Qual é o papo?

Ache aqui os assuntos mais relevantes das meditações do livro e vá direto ao ponto!

Fé	Dia 31
Generosidade	Dia 32, 36, 42
Humildade	Dia 23, 80
Ingratidão	Dia 37, 64
Injustiça	Dia 14, 39
Interesse	Dia 35
Irritação	Dia 3, 8, 27, 48, 52, 64
Jesus	Dia 9, 21, 23, 67, 75
Justiça	Dia 3, 7, 68
Lealdade	Dia 10, 11
Liderança	Dia 3
Livramento	Dia 5, 40
Medo	Dia 33, 45
Mentira	Dia 55
Natal	Dia 75, 76
Oração	Dia 5, 25, 31, 48, 52, 79
Paciência	Dia 6, 66
Perdão	Dia 13, 41, 59, 74
Perigo	Dia 4
Preconceito	Dia 13, 15, 41, 69
Preguiça	Dia 2
Preocupação	Dia 34, 79
Proteção de Deus	Dia 5, 40, 65
Prova	Dia 25, 31, 44
Prudência	Dia 14, 17
Reclamar	Dia 37, 57, 64
Sabedoria	Dia 17, 68
Simpatias	Dia 20
Solidariedade	Dia 23, 27, 53, 77
Testemunho	Dia 12, 26, 43, 51, 72
Timidez	Dia 85
Trabalho em equipe	Dia 24
Tristeza	Dia 38, 70
Vingança	Dia 13, 16
Xingamento	Dia 27, 50, 63
Zombar	Dia 10, 15, 16, 61, 71

Risque & Rabisque

Anotações

Anote aqui recados, anotações, contatos ou desenhe suas ideias!

Anotações

Risque & Rabisque

Anote aqui recados, anotações, contatos ou desenhe suas ideias!

Listas & Listas

Parques, praias, sítios, clubes, museus, feiras! Eee!

Anote aqui aqueles lugares muito legais onde você foi com a sua família e lugares que os seus colegas e amigos já foram e recomendam! Hora de trocar informações!

Lugares que já conheci

Lugares que quero conhecer

Desenhos e filmes que quero assistir

Listas & Listas

Anote aqui seus desenhos e filmes favoritos e as dicas dos preferidos de seus amigos para não esquecer!

Meus desenhos favoritos

Desenhos que meus amigos indicam

Meus filmes favoritos

Filmes que meus amigos indicam

Listas & Listas

Jogos & Youtube

Escreva seus jogos favoritos, as dicas dos amigos e anote os nomes bem direitinho. Aproveite para trocar informações sobre seus canais de youtube preferidos e os youtubers mais legais.

Jogos que eu amo

Youtubers que eu sigo

Jogos que me recomendam

Canais do Youtube para conhecer

Como eu me sinto

Listas & Listas

Anote aqui como você reage a diversas situações na escola ou em casa.
Escreva que situações são essas.

Situações que me deixam feliz

Situações que me deixam triste

Situações que me deixam com medo

Situações que me deixam com raiva

Listas & Listas

Meus pedidos de oração

Escreva aqui aqueles pedidos que você quer fazer a Deus. Procure um lugar tranquilo e fale com Ele sobre isso. Ele está esperando para conversar!

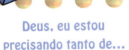

Deus, eu estou precisando tanto de...

Senhor, eu queria que na minha família acontecesse...

Pai, o Senhor poderia me ajudar na escola? Estou com problemas em...

Deus, preciso que me perdoe. Estou sentindo culpa porque...